« La véritable liberté consiste
à ne craindre ni les hommes
ni les dieux. »

Marquis de Sade

MARQUIS DE SADE
L'ANGE DE L'OMBRE

Gonzague SAINT BRIS

MARQUIS DE SADE
L'ANGE DE L'OMBRE

Éditions SW Télémaque

Éditions Télémaque 7, rue Pérignon, 75015 Paris
www.editionstelemaque.com
ISBN : 978-2-7533-0195-5

À la comtesse de Sade,
à Hugues de Sade,

et pour Nicole Wisniak

SOMMAIRE

PROLOGUE

L'ANGE DE L'OMBRE

> « Plus on creuse avant son âme, plus on ose exprimer une pensée plus secrète, plus on tremble lorsqu'elle est écrite : elle paraît étrange et c'est cette étrangeté qui fait son mérite. »
>
> Stendhal

« Le passé m'indiffère, le présent m'électrise et je crains peu l'avenir », écrit le marquis de Sade de sa cellule de la Bastille. Tous les écrivains prouvent leur souveraineté dans l'expression de leur liberté, même s'ils la manifestent du fin fond d'un cachot. N'est-ce pas Buffon – avant Donatien Alphonse François de Sade, né le 2 juin 1740 et mort il y a aujourd'hui deux cents ans le 2 décembre 1814 – qui, pour marquer sa différence absolue et préciser ce qui sépare ou ce qui distingue l'être normal de l'auteur, lançait cette apostrophe : « La différence avec vous, c'est que je vis jusqu'au bout » ?

Tous les écrivains veulent s'emparer d'un royaume qui leur sera propre et qui aura pour sceptre leur signature. Balzac le proclame sans pudeur : « Je veux le pouvoir en France. » Il régnera par ses livres sur le monde de l'ambition auquel il donnera pour sceau le nom de Rastignac, sur celui des affaires, de la promotion sociale et des secrets de famille, au point qu'on dit encore d'une situation ou d'une scène : « C'est balzacien ! » Stendhal, plus subtil, ne le proclame pas, mais, à sa lecture, on l'a compris, lorsque l'on dit « c'est stendhalien ! », on parle d'une façon d'affronter la vie avec ironie dans la chasse au bonheur. Lui, l'inventeur de la cristallisation amoureuse, nous donne d'ailleurs ce conseil tonique : « Adieu, ami lecteur ; songez à ne pas passer votre vie à haïr et à avoir peur. » Proust, lui, a mis la main définitivement sur l'empire de la sensibilité et toutes ses provinces, des relations ambiguës aux attirances paradoxales, avec cette phrase pour étendard : « Là où je cherchais les lois essentielles, vous me disiez fouilleur de détails. » Ainsi est née de son œuvre aujourd'hui centenaire l'expression « C'est proustien ! ». Il est d'ailleurs curieux de remarquer que c'est le plus souvent à propos de l'extrémisme des sentiments que naît un de ces adjectifs issus du nom d'un auteur. Ainsi, pour tout ce qui concerne les actes fous issus de l'âme humaine où l'inconscient parfois conduit à la monstruosité – du crime au châtiment – on donne ce diagnostic fatal : « C'est dostoïevskien ! »

Le marquis de Sade appose pour sa part son cachet de cire chaude sur tous les excès de la passion : le désir jusqu'au bout, l'accomplissement de tous les fantasmes, la volupté dans tous ses états, la violation des interdits, les infortunes de la vertu si elles peuvent contribuer à satisfaire ses caprices sexuels, et même ce que d'aucuns appellent, avec une rare insolence, le bonheur dans le crime ! En décrivant les débordements de l'amour, les abus du sexe, les résultats de l'inconduite et de l'intempérance, en allant du libertinage aux bacchanales et de la licence à l'orgie, le marquis de Sade n'hésite pas à radicaliser le discours du siècle.

Lucidité ou perversité, d'emblée il clame que ce n'est pas sa faute si, de toute façon, le mal est en nous dès l'origine : « La cruauté, bien loin d'être un vice, est le premier sentiment qu'imprime en nous la nature ; l'enfant brise son hochet, mord le téton de sa nourrice, étrangle son oiseau, bien avant que d'avoir l'âge de raison. » Totalitaire, Sade veut se rendre maître par ses écrits, dans tous les temps présents et à venir, du territoire qu'il s'est attribué, et qui couvre à la fois Éros et Thanatos. Il s'exprime à dessein sur ces sujets avec une telle violence et une telle outrance qu'il espère avoir dépassé tous ses prédécesseurs et n'être jamais surpassé par aucun successeur ou un quelconque imitateur, y compris cet auteur contemporain qui fait du *soft Sade* pour quelques nuances de Grey…

Sade ne recule devant rien pour emporter le morceau. On peut dire qu'il est allé au-delà de son défi puisque, aujourd'hui, ce n'est pas un seul adjectif mais deux qui sont liés à son nom dans le langage commun : « sadien » et « sadique ». En deux mots le voilà… plus fort que la mort !

Deux cents ans après la disparition de Donatien de Sade, son descendant, Hugues de Sade, et mon éditeur, Stéphane Watelet, m'ont invité à écrire sa biographie pour célébrer le bicentenaire de sa mort en 2014. Hugues de Sade – champion de l'aérostation – m'a bien souvent élevé, à partir des terres tourangelles de notre jeunesse, dans les cieux du Val de Loire.

Un jour, il m'a touché au cœur en me confiant, dans la nacelle, entre deux nuages, l'effet produit sur lui par un souvenir d'enfance dans le château familial de Condé-en-Brie : la révélation de l'existence de la bibliothèque murée contenant tous les papiers du marquis de Sade. L'idée d'écrire ce livre s'est alors ancrée en moi, d'autant que ma famille en Touraine est liée depuis trois générations à celle des Sade, Jeanne de Sade étant une grande amie de Jean et Carmen Saint Bris, mes grands-parents, morts en déportation pour faits de résistance.

Pourtant, ma décision d'écrire sur le marquis de Sade n'a pas été facile. D'abord, je me suis retiré dans une île à demi déserte des Turks-and-Caïcos, sur la plage d'Eugénia, pour relire l'ensemble de son œuvre, l'enfer sur papier bible entre les mains. Le contraste entre la mer turquoise, les couchers de soleil créatifs, le sable blanc, l'horizon bleu Van Loo et le cortège de tortures qui défilait sous mes yeux était si pesant que je ne cessais de soupirer sous le regard compatissant des iguanes.

En dehors de l'admiration que j'ai pour l'écrivain, le philosophe, l'opposant à la peine de mort, le défricheur du sens et des sens, l'explorateur de l'inconscient, irréductible dans sa rébellion ou audacieux dans sa pensée exprimée dans cette merveilleuse langue du XVIIIe siècle, la relecture de son œuvre m'a laissé perplexe. Pourquoi moi, qui suis l'écrivain du bonheur, le chantre du Romantisme, l'historien des riches heures de la France, le biographe des femmes remarquables et des hommes légendaires, pourquoi me pencher sur ce seigneur du mal qui vous attire dans ses tréfonds, celui qui ne dévie pas d'une ligne de sa religion personnelle, la volupté mortifère ?

Oui, on peut admirer son courage, son style, sa fougue, son tempérament, ses exigences, l'intransigeance de cet athée effréné qui, malgré ses années de prison, n'a jamais cédé sur ses convictions, lui qui se connaît et se confesse : « J'ai le malheur d'avoir reçu du ciel une âme ferme qui n'a jamais su plier et qui ne pliera jamais… » Oui, on peut se demander pourquoi sa femme a continué à l'aimer pendant toutes les années de sa détention, elle qui, comme le montre Mishima dans sa pièce *Madame de Sade*, est restée sa partenaire aux abords de l'infernal.

Parce que le marquis de Sade a voulu mettre définitivement la main sur la totalité de l'empire du sexe et demeurer dans la postérité comme celui qui l'a mieux exploré, décrit et immortalisé, il est conduit dans cette conquête faite par l'encre, le feu et le sang, à des excès que ne peut que réprouver un « gentleman chrétien[1] ». On doit à Saint-Augustin cette règle clémente. Il faut être l'ennemi du péché et l'ami du pécheur. Bien sûr, en tant que tel on doit pouvoir lui accorder le pardon et, à cet égard, une phrase de Baudelaire pourrait lui servir à la fois d'excuse et d'épitaphe : « Qu'importe de souffrir beaucoup quand on a beaucoup joui. » Et si la poésie n'explique pas tout, elle sait traduire l'indicible. Écoutons ces vers de Verlaine composés à Bruxelles :

S'il est damné c'est qu'il le voulut bien,
Il avait tout pour être un bon chrétien...
L'enfer ni ne se prend ni ne se donne,
Mais avant tout, ami, retiens ce point :
On est le Diable, on ne le devient point.

Quand j'ai cherché un titre pour cette biographie du divin marquis, j'ai pensé à la révolte des anges, à l'ange déchu, à l'ange noir, à celui qu'on appelle l'ange sombre ou l'ange de l'ombre. Je me suis aussi souvenu de ce qu'Édouard Brasey nous enseigne dans les pages de son *Enquête sur l'existence des anges rebelles*. Selon lui, ils représentent la face sombre des soixante-douze énergies divines et sont associés aux travers auxquels nous pouvons succomber. À nous ensuite, par une

1. On doit cette expression à Drieu la Rochelle dans son texte *L'Adieu à Gonzague*.

alchimie intérieure, de procéder à la transmutation de ces défauts en qualités opposées. Voici ce qu'il écrit : « Nous connaissons tous l'existence des anges gardiens. Mais savons-nous qu'à leurs côtés se trouvent d'autres anges, des anges noirs, des anges rebelles ? À tort, on croit souvent qu'ils sont des anges du mal. On les confond avec les démons fourchus du Moyen Âge.

Quelle injustice ! Les anges rebelles sont nos initiateurs, nos guides. Ils nous imposent des épreuves dont nous sortons plus forts ; ils nous apprennent à combattre l'injustice ; ils nous insufflent la liberté, la force et le courage d'être totalement nous-mêmes. Ils sont notre ombre qui n'est que la face cachée de notre propre lumière. »

Sans vouloir rejeter l'ange de l'ombre dans son enfer, j'ai toutefois été choqué par certains écrits du marquis, celui qui ne peut éjaculer qu'en blasphémant, celui pour qui la place de l'hostie est entre les lèvres, au bas-ventre des femmes, celui dont les râles de jouissance s'expriment au plus haut point quand il déchire la peau des femmes puis fait fondre de la cire sur leurs plaies. Il sait que la fascination malsaine qu'il entretient peut toucher chacun de nous. En chaque être humain existe en effet cette part de goût pour le sexe marié à la mort. D'où la célébrité internationale du divin marquis et son impact sur les écrivains de tous bords qui, à travers les siècles, ont clamé son génie. À l'orée du XXIe siècle et à l'heure de son bicentenaire, il apparaît comme le top model du mal qui a enlevé à la diable l'adhésion des révolutionnaires et l'admiration des Surréalistes.

« Nous sommes de l'étoffe dont nos rêves sont faits », dit Shakespeare. Les rêves de Sade et ses fantasmes sont eux un tissu d'horreurs. Les mots s'accumulent au fur et à mesure des scènes : turpitudes révoltantes, dépravations parricides, sacrilèges et profanations, outrages à la morale, obsessions criminelles et cruauté répugnante. En relisant ces pages de feu, de foutre et de torture, je suis arrivé au bout du dégoût. Je ne suis pas de ceux chez qui l'horreur de ces actes, le jusqu'au-boutisme de la volupté sauvage, créent dans l'œil l'étincelle de l'admiration. Je peux mesurer l'étendue du pouvoir de l'écrivain sur ses lecteurs à qui il ouvre, pour les y précipiter, l'abîme de l'abomination peint aux couleurs d'un suprême érotisme, mais je ne peux y adhérer ni partager sa maudite passion. Même Restif de la Bretonne, son contemporain, déclare : « Personne n'a été plus indigné que moi des sales ouvrages de l'infâme de Sade que je lis dans ma prison. Ce scélérat ne présente les délices de l'amour, pour les hommes, qu'accompagnés de tourments, de la mort même, pour les femmes. »

En vérité, si les scènes décrites par Sade se déroulent dans les décors des libertins du XVIIIe qu'on connaît et qu'on apprécie, des contes érotiques du marquis de Mirabeau aux *Liaisons dangereuses* de Choderlos de Laclos, Sade se sépare d'eux par le propos, oubliant le rose épiderme orné de dentelle pour foncer au plus noir du gouffre de la perversion. Bien sûr, un siècle plus tard, Jules Barbey d'Aurevilly nous éblouira avec ses scandaleuses histoires des *Diaboliques*, déshabillant le désir pour offrir le spectacle de ces circonstances baroques qui favorisent à foison l'audace des caresses.

Pour lui, l'enfer, c'était le ciel en creux. Lors de la parution de son ouvrage, pour apaiser ses lecteurs traditionnels et ses opposants éventuels, il promet après avoir écrit *Les Diaboliques* de publier un ouvrage allant dans le sens contraire, *Les Célestes.* Mais chaque fois qu'un écrivain traite du mal avec délice et promet de bientôt parler du bien, c'est toujours pour demain et il ne le fait jamais ! Sade, lui, ne rêve pas du ciel, il n'est en son royaume que dans l'enfer des bibliothèques et, si on le lit bien, dans l'enfer tout court par lui mis en scène ou imaginé. Dans cette forêt noire de sodomies, de viols, de masturbations répétées et de sexe morbide, à quand les clairières du pardon entre les bosquets de la perdition ?

Que m'est-il arrivé ? En parcourant pas à pas le chemin de la vie du marquis de Sade, voilà pourtant qu'à partir de l'an 1790, Sade m'inspire soudainement de la compassion. Il sort de prison et sa femme, après vingt-sept ans d'amour fidèle, de dévotion à l'homme enfermé, à son mari pour toujours, refuse de le voir. Elle qui, par ses billets amoureux depuis un quart de siècle, illuminait ses cellules en lui faisant toujours la promesse du bonheur, ne répond plus à son attente pour ces merveilleuses retrouvailles tant de fois évoquées dans la détention. Sade, pensant la recevoir enfin au château de Vincennes, lui avait pourtant écrit : « Vous serez bien baisée de tous les côtés » !

Mais le jour où il sort de sa geôle, retirée au couvent, elle ne veut même plus l'entrevoir. Au moment de sa sortie de prison, à l'idée d'un désir si long, celui de la retrouver enfin, et qui se brise, mon cœur se serre. Une autre circonstance me rapproche du marquis dans son malheur, c'est le geste de ses deux fils – le sang, la race, la noblesse – qui viennent le libérer de son enfermement à Charenton. Il les connaît pourtant à peine. Tous deux sont officiers dans l'armée et l'un d'eux mourra assassiné en Italie. Maintenant qu'il est libre, qu'il sort de sa saga carcérale, à la fois en vie et en pleine Révolution, avec le soutien de ses enfants mais sans un seul signe d'amour de la part de sa femme, comment ne pas s'attendrir sur son sort ?

Au cœur de la Révolution qui se fatigue et de la douceur de vivre qui revient à Paris – jamais il n'y a eu tant de théâtres dans la capitale et les parfums du Palais-Royal reverdissent –,

Donatien de Sade, ébloui par la lumière du bonheur après cinquante ans de vie et tant d'années de cachot, rencontre un amour de paix, de repos, de réconciliation. Cette femme, il l'appelle « Sensible ». Et quel bonheur de lire sous la plume du séducteur satanique : « C'est le ciel qui me l'envoie. » On n'a pas envie de faire du mal à un délinquant qui a retrouvé la paix, à un violent qui vient de connaître la tendresse, à un dément qui va peut-être aborder les rives de l'harmonie. On n'a pas de raison d'insulter un insolent de la perversion qui semble ne plus vouloir que vivre et ne connaître enfin, après la fureur de l'enfer, que le partage de la douceur. Comme elle est belle cette union avec Sensible, Marie-Constance Quesnet, une actrice de quelque 30 ans qu'il aime, qui partage sa vie, qui va le sauver de l'échafaud et contempler avec lui le paysage d'après l'orage et celui d'après la pluie !

En parcourant les récits de sa vie, les stations de sa douleur qui ont des noms de prison – Saumur, le château d'Échauffour, Pierre-Encise, la Conciergerie, la citadelle de Miolans, les Madelonnettes, la prison des Carmes, Picpus, Bicêtre, Sainte-Pélagie, Vincennes, la Bastille, Charenton –, on espère tomber sur un instant de fraîcheur, sur les débuts d'un amour, sur une déclaration délicieuse arrachée à un tissu d'insultes et à une soierie de sarcasmes. Est-ce pour un temps et seulement pour un temps qu'il semble lui-même avoir oublié injures et blasphèmes, impiété et profanation, maltraitance, indécence, infamies et orgies ? À 57 ans, après l'infernal itinéraire de sa vie, dans ce martyre qu'il s'est imposé au nom de sa fidélité au vice, on voudrait lui laisser le loisir en fin de course de connaître le bonheur et les sourires qui, comme les lacs entre deux montagnes, offrent une surface aux baisers purs inspirés seulement par la fusion de l'amour. Pourquoi le comprendre seulement maintenant alors qu'on l'a réprouvé avant ? L'explication est en principe simple si l'on écoute André Malraux : « Juger, c'est de toute évidence ne pas comprendre puisque, si l'on comprenait, on ne pourrait pas juger. »

1

LA DERNIÈRE PROMENADE DU PENSIONNAIRE DE CHARENTON

« Les entractes de ma vie ont été trop longs. »
Sade

En ce mois de novembre 1814, à Saint-Maurice, sur le versant ouest du bois de Vincennes, dans un paysage encore totalement campagnard malgré la proximité de Paris, un vieux monsieur, de taille très moyenne – 1,68 mètre –, le nez légèrement aquilin, la bouche édentée, le visage long, portant culotte, bas et souliers à boucle, comme dans l'ancien temps, arpente un vaste jardin. Il s'appuie sur sa canne, s'arrêtant ici ou là devant une plante ou distrait par le vol d'un oiseau. Il se meut avec une lenteur solennelle en raison d'une obésité devenue maladive et, pour cette raison, d'un souffle particulièrement court et même, par moments, étouffé. Rien ne rendrait cependant exceptionnel son visage aux traits réguliers sinon sa chevelure abondante, rare chez un homme de son âge, et qu'il poudre, ses épais sourcils noirs qui frappent ceux qui le croisent, ainsi que l'intensité de son regard bleu demeuré très vif malgré l'âge, un regard finalement jeune, prisonnier d'un corps qui ne l'est plus, à l'image de sa propre destinée.

L'automne touche à sa fin, mais la température baisse de jour en jour. L'homme, serrant sur son corps fatigué sa houppelande, s'assoit à présent sur un banc de pierre pour contempler une dernière fois ce paysage donnant sur la boucle de la Seine et de la Marne, coulant au pied de la colline, là-bas, à l'ouest, au-delà du bief du moulin de Charenton, sur laquelle passent et repassent des bateaux transportant des barriques de vin de Bourgogne à destination de Bercy ou d'autres marchandises dont se nourrit quotidiennement la Grande Babylone, mais dont les bruits, pourtant réels, ne semblent pas parvenir jusqu'ici.

Si, dans quelques décennies, des peintres viendront, sur cette rive, chercher la touche impressionniste, à cette époque, ce sont plutôt les paysans qui arpentent le chemin, avec leurs charrettes et leurs chevaux, parfois les troupeaux menés à l'abattoir, dans un paysage presque immuable qu'une monstrueuse autoroute allait un jour dévorer, la grande voie reliant Paris à l'est de la France. L'homme observe-t-il, juste en contrebas, une belle maison de maître ? Il ignore sans doute que la femme d'un préfet, par ailleurs fille de l'ébéniste Riesener, y mit au monde, il y a seize ans, un enfant qui va bientôt connaître une retentissante notoriété : Eugène Delacroix.

Modestement vêtu de gris, son ample redingote passablement élimée, son gilet plusieurs fois recousu, ses bas et ses chaussures trahissant un usage avancé, l'homme passerait à première vue pour un être de faible condition, si sa manière d'être, son regard tout à la fois perçant et hautain, sa distinction naturelle ou sa voix, encore bien assurée lorsqu'il s'adresse à un serviteur, ne montrait qu'il est de bonne naissance. Jadis, il a sans conteste dû tenir sa place dans quelques brillants soupers, montant à cheval avec élégance, dansant le menuet avec aisance, portant l'épée avec assurance, maniant sans inquiétude de l'argent aux tables de jeu ou se targuant du fait que, lorsqu'il était jeune et beau, Louis XV et la famille royale avaient signé son contrat de mariage avec la fille d'un président de la Cour des Aides, comme c'était alors l'usage pour les personnes de sa qualité.

Instinctivement, le petit personnel de l'asile de Charenton le sent bien. Même s'il est un pensionnaire comme les autres, il manifeste un respect craintif devant cet homme, dont la réputation sulfureuse s'est toutefois, à la longue, évanouie. Plus personne ou presque ne sait pourquoi il est ici depuis si longtemps, plus personne ou presque ne lit encore les livres qu'il écrivit jadis et qu'on ne peut se procurer, sous le manteau, que dans l'arrière-boutique de certains libraires, sous les arcades du Palais-Royal, entre deux maisons à la réputation plutôt louche. C'est, du reste, ce que consigne un tout jeune étudiant en médecine, nommé Ramon, qui sert alors dans l'hospice de Charenton en qualité d'interne : « Je le rencontrais fréquemment se promenant seul, d'un pas lourd et traînant, mis d'une manière fort négligée… Je ne l'ai jamais surpris causant avec personne. Passant à côté de lui, je le saluais et il répondait à mon salut avec cette politesse froide qui éloigne toute idée d'entrer en conversation… Rien ne pouvait me faire soupçonner en lui l'auteur de *Justine* et de *Juliette*. Il ne produisait en moi d'autre effet que celui d'un vieux gentilhomme altier et morose. »

En scrutant le paysage, à présent bien dégagé par la chute des feuilles, l'homme, plongé dans une profonde méditation, voit ressurgir les souvenirs. Ils viennent, comme les nuages dans le ciel, un peu en désordre, selon la direction vers laquelle porte son regard. Il se dit qu'à sa droite, c'est-à-dire à Paris, il naquit il y a plus de soixante-dix ans, dans l'hôtel d'un prince, dont il fut le compagnon de jeux du fils, tandis qu'à sa gauche, c'est-à-dire au sud, se trouve la route conduisant à cette Provence, dont sa famille fut, jadis, une des plus glorieuses illustrations. Dans le fouillis de sa mémoire, il semble apercevoir son cher château de La Coste, où il eut son propre théâtre et qui, depuis la Révolution, n'est qu'un amas de ruines ne lui appartenant même plus. Ainsi en est-il de ses autres fiefs de Mazan ou de Saumane, dont il était, après tous ses ancêtres, le « haut et puissant seigneur », selon la formule consacrée, dans cette terre pontificale, le Comtat Venaissin appartenant encore en ces temps lointains au trône de saint Pierre.

Tous ces lieux, avec aussi Marseille, Lyon, Chambéry et l'Italie, de Venise à Rome, de Florence à Naples, sont autant d'horizons disparus symbolisant, sous un ciel éternellement bleu, cette liberté qu'il a perdue il y a tant d'années. À l'époque, il était un jeune libertin courant d'un plaisir à l'autre, ne se souciant pas de l'opinion publique et des règles d'une bienséance bonne pour les bourgeois mais pas pour un grand aristocrate d'aussi noble origine. Lui n'avait que mépris pour les préjugés vulgaires, sa fortune et les privilèges devant, pensait-il, le garantir de tout. Avait-il le droit de faire ce qu'il voulait, quand il le voulait ? Il le croyait alors.

Le soleil décline rapidement, mais Paris est toujours bien visible, cette cité dans laquelle il a vécu la fin de l'Ancien Régime, la Révolution et l'époque consulaire. Il y a vécu aussi des nuits de débauche, des réunions de la section des Piques, en pleine Terreur, ou la relecture de ses livres, chez les imprimeurs, avec la hantise de voir la police débarquer pour s'en saisir et jeter sa prose au feu. Dans combien d'alcôves s'est-il glissé, avec des prostituées et ses valets ? Des images de nudités crues s'entrecroisent avec des gémissements de plaisir ou des cris de souffrance infligés par des coups de fouet claquant sous les chandelles, de la cire chaude coulant sur la peau ou des muscles étirés par de complexes machines à torturer ou à faire jouir. Le but, franchement avoué, étant de faire souffrir, dans ces caves, ces souterrains ou ces culs-de-basse-fosse qui ont toujours accru ses fantasmes et qui constituent depuis l'imaginaire de son œuvre littéraire.

Mais, à y réfléchir de plus près, ces terribles nuits de celui que Charles Henry a joliment défini comme un « criminel de l'imagination », les a-t-il vécues ou seulement rêvées ? Lui-même ne le sait plus, qui mélange le conscient et l'inconscient, ce qu'il a fait et ce qu'il a écrit, comme il l'a fort bien dit un jour à ses geôliers : « Vous avez échauffé ma tête, vous m'avez fait former des fantômes qu'il faudra que je réalise. » Ou, plus lucidement encore : « Pour moi, j'avoue que mon imagination a toujours été au-delà de mes moyens ; j'ai mille fois plus conçu que je n'ai fait et je me suis toujours plaint de ce que la nature qui, en me donnant le désir de l'outrager, m'en ôtait toujours les moyens. »

Là, semble-t-il, se pose la question de savoir si tout ce que Sade a écrit relève d'une imagination pure ou si une impuissance occasionnelle ne l'a pas poussé à appuyer le trait. Qu'importe ! Si ses sens sont aujourd'hui bien endormis, son imagination est toujours à l'affût, fascinée par le plaisir que procure la douleur, celle de donner comme celle de recevoir. Le sexe n'est-il pas l'essence de toutes choses ? Malgré son âge avancé, il le croit toujours, s'amusant sans doute du regard que portent sur lui les quelques rares lettrés sachant *qui* il est, ou mieux, *ce* qu'il a été, même si le néologisme issu de son nom n'a pas encore été créé. Il n'apparaîtra que dans vingt ans exactement.

En fait, il est toujours difficile de faire la part des choses chez celui qui, aujourd'hui sans doute, serait probablement devenu un cinéaste de génie. N'oublions pas que Luis Buñuel, au XXe siècle, revendiquera s'en être inspiré et que, dans son fameux film *Un chien andalou*, il montre le Christ sortant du château des *Cent Vingt Journées de Sodome*.

Paris est toujours là, sous cette brume d'automne, avec ses toits, ses cheminées, les flèches de ses églises, à défaut d'un de ses monuments disparu, cette Bastille dans laquelle il a passé trop de temps, quoiqu'elle fût probablement le lieu qui aiguisât le plus son inspiration. Sous sa plume y naquirent *Justine* et, justement, les *Cent Vingt Journées de Sodome*. Reste bien le château de Vincennes, dont il a aussi tâté des geôles, mais d'ici, il ne peut pas le voir. Il est en effet loin derrière le jardin, à une autre extrémité de la forêt, à peu de distance de cette place du Trône-Renversé (l'actuelle Nation), où il eût été guillotiné le 8 thermidor s'il n'avait eu le flair de s'échapper de la maison de santé où on le chercha en vain !

De même ne peut-il contempler ses anciennes maisons de la rue Mouffetard et d'Arcueil, où il s'est tant diverti, naguère, et d'autres anciennes prisons, où il passa du temps, même si elles ont été transformées, Saint-Lazare, Sainte-Pélagie, Bicêtre ou les Madelonnettes. L'essentiel de son existence a en effet été carcérale. Et bien que, toute sa vie, il ait protesté d'être enfermé, il semble avoir toujours paradoxalement cherché à l'être, comme si, *in fine*, la prison devait être le cocon de son existence, le lieu par excellence de sa créativité et de son expression, l'indispensable demeure de sa réalisation intérieure.

Tout cela est si loin et si près à la fois, se dit le vieil homme, à l'issue de cette promenade quotidienne dont il a pris l'habitude et grâce à laquelle, peut-être, il parvient à trouver cette paix de l'âme qui lui a si longtemps fait défaut, surtout lorsque les exempts du roi, les suppôts de Fouquier-Tinville ou la police de Bonaparte – pour une fois d'accord ! – le traquaient sans relâche. Ils voulaient lui mettre le grappin dessus, le reléguer définitivement hors du monde, avec, cependant, une différence : l'Ancien Régime le punissait pour sa vie, le nouveau pour son œuvre. C'est dire si, aujourd'hui, il est loin de l'agitation du monde malgré cette année 1814 qui s'achève, fertile en événements d'importance.

Qu'importe donc, en tout premier lieu, l'effondrement, au printemps précédent, de ce régime napoléonien qu'il a toujours haï et la relégation du tyran à l'île d'Elbe, un peu comme lui à Saint-Maurice. Diable, n'ont-ils pas été deux grands prédateurs, certes dans un registre différent, eux dont les hommes conserveront longtemps la mémoire en se demandant ce qu'ils avaient tout au fond du cerveau ? Le parallèle est audacieux, il n'en est pas moins réel : tous deux ont profondément marqué la conscience de leurs contemporains, et, pour Sade, leur inconscient, même si ce terme n'existe pas encore.

Sade sait que Napoléon le tenait pour un monstre, certes, mais à y regarder de plus près, en considérant les centaines de milliers de morts tombés dans tant de batailles inutiles, lequel fut le plus monstrueux des deux ? « Oui, je suis un libertin, a-t-il dit un jour, je l'avoue ; j'ai conçu tout ce qu'on peut concevoir dans ce genre-là, mais je n'ai sûrement pas fait tout ce que j'ai conçu et je ne le ferai sûrement jamais. Je suis un libertin, mais je ne suis pas un criminel, ni un meurtrier. » Est-il frustré que l'empereur n'ait pas dit de lui, à Ermenonville, ce qu'il avait dit de Jean-Jacques Rousseau, dans un raccourci fulgurant : « Pour le repos de l'humanité, il eût mieux valu que ni lui ni moi n'eussions existé » ?

Depuis, le frère de l'infortuné Louis XVI est monté sur le trône, sous le nom de Louis XVIII. La belle affaire ! Que peut-il attendre de ce contemporain qu'il a jadis aperçu à la Cour et sous les ordres duquel il a même servi ? Ce roi, après une jeunesse un peu libertine, ne songe en effet qu'à finir sagement sa vie aux Tuileries, régnant sur une monarchie désuète aussi timorée, affable et apaisante que fatiguée. La jeunesse romantique, élevée dans le fracas de l'épopée, commence même à s'en moquer, cette jeunesse qui a lu ses livres en cachette, ce qui l'a fortement marquée. Ce n'est certainement pas lui, le roi perclus de goutte, qui lui rendra cette liberté qui n'est plus qu'un lointain souvenir, pour ne pas dire une abstraction, après quelque trente années d'incarcération. Mais a-t-il vraiment envie de sortir de cet asile ? Ce n'est pas certain !

Dans l'ultime prison de Charenton, à Saint-Maurice, il jouit d'une relative liberté d'aller et venir dans les bâtiments et le jardin, grâce à la mansuétude du directeur avec qui il entretient d'excellentes relations jusqu'à être parfois invité à sa table. Ils partagent probablement des fantasmes communs. Cette illusion de liberté ne lui rappelle-t-elle pas celle qu'il a connue dans les forteresses de son enfance ? Au reste, imagine-t-on qu'avec son poids et son âge il pourrait encore courir, sauter les grilles ou s'enfuir par les fenêtres, comme il le faisait jadis, à La Coste, lorsque se présentaient les sergents du roi ?

Au fond, dans cet établissement fondé en 1641 pour permettre aux Frères de la Charité de prendre soin de ceux qu'on appelait jadis les « insensés », nationalisé sous la Révolution et passé, en 1797, sous la tutelle du ministère de l'Intérieur, la vie est assez douce. Sans compter que la pension, coûtant un certain prix, n'est réservée qu'à ceux dont la famille est en mesure de la régler, comme celle du compositeur Devienne, qui y a passé pas mal de temps, ou celle de Victor Hugo qui, en 1822, sera obligé d'y faire interner Eugène, son frère cadet, considéré par le médecin-chef de l'hospice comme « indifférent à tout, même pour lui ». Certes, ne sont encore admis ici que ceux dont le comportement, jugé socialement « inadmissible », les retranche *de facto* du monde. Plutôt que l'idée de châtiment préside ici celle d'empêcher les crimes des pensionnaires d'être publics, au nom de la morale officielle.

Mais est-il lui-même si dangereux ? Cette seule idée le fait sourire. Le monde en a vu d'autres et en verra de bien pires ! Il sait du reste que, même si la société le considère comme un monstre, il n'en est pas moins un notable qu'on respecte, d'abord parce que marquis il est né, marquis il reste. Cela en impose toujours, même s'il ne se prévaut guère de ce titre qu'il a abandonné depuis longtemps. Bien qu'il ne jouisse que des miettes de sa fortune, c'est pourtant le revenu de ses fermes de Provence qui assure régulièrement le paiement de sa pension. Ce n'est donc pas à lui qu'on va imposer les bains glacés, les coups répétés ou le port d'une camisole de force, ce qui a toujours cours pour les pensionnaires les plus indigents, considérés comme des criminels et non des malades, coupables d'être ce qu'ils sont, tels des voleurs ou des assassins.

À Charenton, au fond, il ne risque plus rien, sauf la mort, bien sûr, qui viendra le prendre un jour, comme tout le monde. Peut-être bientôt, se dit-il, puisque soixante-quatorze ans, tout de même, c'est déjà la grande vieillesse en ce commencement du XIXe siècle ! Un âge que peu d'hommes ont atteint, fauchés sur les champs de bataille de la Révolution ou de l'Empire ou raccourcis par la guillotine, sans parler de ceux souffrant de maladies encore mal soignées à cette époque, malgré le commencement des progrès de la médecine. Lucide cependant, il a pris la peine, huit ans plus tôt, de rédiger son testament pour léguer ses affaires à ses proches et, surtout, demander que son corps ne soit pas autopsié, volonté qui, le moment venu, sera respectée.

Une cloche, soudain, brise le silence du lieu et les rêveries du vieil homme. Il est temps de se rendre au réfectoire pour la soupe du soir et, celle-ci avalée, avec un quelconque plat d'une affligeante banalité, de remonter dans sa chambre. À la lueur d'une lampe bouillotte, le vieillard devenu insomniaque y passera une bonne partie de la nuit à lire, ses bésicles sur le nez, plongé dans ses notes, l'un de ses nombreux livres ou projets de pièces de théâtre. N'en a-t-il pas écrit une bonne trentaine qu'il a montées, ici même, avec les pensionnaires, sous sa propre mise en scène, devant des invités passionnés à l'idée de voir de vrais fous sur scène ? À l'heure où l'obscurité règne, il aura donc toutes les raisons de se sentir en sécurité, dans ce havre qui l'héberge, pendant que le monde a fini par oublier qu'il incarne ce « bloc d'abîme », pour reprendre la belle expression d'Annie Le Brun.

Au reste, qu'irait-il faire sur les grands boulevards, à ce moment précis où les jeunes dandies, tirés aux quatre épingles de l'élégance anglaise et descendant de leurs coupés à la mode, vont souper ? Il risquerait de s'y faire bousculer et mépriser avec ses habits râpés d'un autre âge, comme naguère le fut Casanova, moqué par les domestiques du comte Von Waldstein, au château de Dux, en Bohême, où il acheva tristement ses jours, au terme, lui aussi, d'une existence aventureuse. Des vies qui furent, dans l'un et l'autre cas, écrites en majuscules, même si les deux hommes furent fondamentalement différents !

De toute manière, à l'exception de quelques lecteurs, qui reconnaîtrait derrière sa pitoyable vieillesse celui dont le nom seul fait toujours frémir la société ? Personne, puisque cela fait de nombreuses années qu'on ne l'a vu en ville, beaucoup ne sachant même pas s'il est vivant ou mort, voire même s'il a jamais existé. À cette époque, la plupart des livres ne sont en effet pas signés de leurs auteurs, et sous le Concordat, le catholicisme renaissant de ses cendres favorise le retour d'un ordre moral dans lequel ni les polissonneries du siècle passé ni l'épouvante immorale des temps à venir n'ont plus leur place.

De plus, à l'exception d'un crayon de Van Loo, montrant le profil de ses 20 ans, mais qui n'est pas encore sorti de l'intimité de sa famille, il n'existe aucun portrait officiel de celui dont les représentations futures seront, de ce fait, largement imaginaires. Ainsi, au XIXe siècle, Biberstein montrera un jeune homme très brun, plutôt beau, entouré de diables lui soufflant les pires suggestions. Mais c'est surtout Man Ray, au XXe siècle, qui marquera l'inconscient collectif, avec cette célèbre et saisissante toile de 1938 où, à la manière du Commandeur du *Don Giovanni* de Mozart, un homme de pierre se confond avec les murs d'une de ces prisons où il a passé l'essentiel de sa vie, sur fond de Bastille en flammes, tout à la fois lourd et monstrueux, mais fascinant avec son regard énigmatique. On ne sait, au fond, en contemplant cette véritable idole, s'il incarne le mal absolu ou la jubilatoire libération.

Si Man Ray a superbement montré l'écrivain de la légende noire dans l'inconscient collectif, tel n'est sans doute pas le vieux monsieur de l'asile de Charenton, dont nul ne saura jamais à quoi il pouvait ressembler, en tout cas certainement pas aux héros sulfureux de son œuvre. Si la fascination pour lui, en effet, est bien réelle, elle ne viendra que plus tard. Pour ses contemporains, il est tout simplement retranché du monde en attendant que les Parques ne coupent le fil de sa vie.

De surcroît, pour ceux qui, en cette année 1814, savent qu'il existe – et cela fait peu de monde ! – l'imagine-t-on ailleurs qu'ici ? Et s'imagine-t-il ailleurs qu'ici, lui qui, au fond, se prépare à finir son existence seul, comme il l'a commencée. Enfant presque unique – sa jeune sœur mourra dans sa petite enfance –, il a vécu seul toute sa vie, n'a jamais eu un seul ami, n'a participé à aucun cercle – pas même celui de la Cour, lorsqu'il était en âge d'y aller, et où son père le pressait en vain de se montrer ! Il n'a fréquenté que ses valets et des prostituées ramassées sur le trottoir, puis plus tard ses geôliers ! Si nombre d'hommes en son temps peuvent dire qu'ils ont été l'ami de Voltaire, de Rousseau, de Diderot, de Beaumarchais ou même de Napoléon, personne n'a jamais revendiqué d'être le sien ! Personne même ne se vante de l'avoir connu ! « Mon goût est réellement pour la solitude », a-t-il écrit un jour, « tout le monde me gêne ». Ou encore, une autre fois, ce qui constitue l'un de ses aveux les plus lucides : « Le prochain ne m'est rien ; il n'y a pas le plus petit rapport entre lui et moi. »

Nul n'échappe à son destin : le sien le contraint à achever sa vie dans la solitude d'un asile d'aliénés, loin de tout, bien que si près de Paris, à moins d'une demi-heure à cheval. C'est l'ultime contradiction de cet homme ô combien paradoxal, dont il est si difficile de démêler l'écheveau de la vie et de l'œuvre. Depuis plus de deux siècles, elle ne cesse de fasciner le monde, à la manière d'une de ces énigmes existentielles à laquelle l'homme tente d'apporter des réponses pour calmer ses angoisses. Ce sera l'un des thèmes les plus récurrents du romantisme. Sade est peut-être ainsi un romantique, même sous son aspect le plus noir. N'est-ce pas ce que Georges

Bataille a voulu dire en écrivant : « Sa pensée n'est pas réductible à la folie. C'est seulement un excès, un excès vertigineux, mais c'est l'excessif sommet de ce que nous sommes. De ce sommet, nous ne pouvons nous détourner sans nous détourner de nous-mêmes » ?

Sade, Sade, Sade semblent alors croasser à l'infini les corbeaux qui survolent l'hospice de Charenton, à Saint-Maurice, avant d'aller se perdre dans un bois de Vincennes offrant encore un aspect impénétrable, le Second Empire n'en ayant pas encore tracé les allées impeccables. Le noir de leur plumage évoque, depuis le Moyen Âge, la face sombre de l'homme, ses pensées les plus secrètes, ses fantasmes les plus inavouables. Le vieux pensionnaire de Charenton, le premier, les a analysés pour, a-t-il dit, rendre service à l'homme, lui dont la vie et l'œuvre constituèrent le sabbat de la pensée philosophique, l'envers des Lumières et, peut-être, tout simplement, la face cachée du romantisme. Voilà pourquoi, ce jour-là, ces oiseaux inquiétants semblent être les seuls à rendre hommage à celui dont ils ont accompagné l'ultime promenade. Pressentant sa mort prochaine, il a pris le soin d'écrire l'épitaphe de sa tombe, à la manière d'un ultime défi lancé à une postérité qui ne l'a pas plus ménagé que les différents régimes politiques sous lesquels il a vécu. Sans doute parce qu'il a tout simplement osé écrire ce qui ne devait pas l'être, et que, jusqu'au bout, dans tous les domaines de sa vie, il est demeuré essentiellement un utopiste :

Passant,
Agenouille-toi pour prier
Près du plus malheureux des hommes.
Il naquit au siècle dernier
Et mourut au siècle où nous sommes.

Le despotisme au front hideux
En tous les temps lui fit la guerre ;
Sous les rois, ce monstre odieux
S'empara de sa vie entière.

Sous la Terreur, il se maintient
Et met Sade au bord de l'abîme.
Sous le Consulat il revient,
Sade en est encore la victime.

Cette épitaphe, en fait, n'est pas la seule, puisqu'il en a rédigé une deuxième, toujours lucide, malgré cette désespérance chronique qui, au fond, constitue bien la caractéristique de sa personnalité profonde :

Sade à la fin nargue ici ses bourreaux ;
Il a passé les flots de l'onde noire.
Mais malgré vous, ô pédants infernaux,
Malgré vos cris, ses honnêtes travaux
Iront sans vous au temple des mémoires.

Voici enfin la troisième :

Pourquoi tant de chagrins au bout de ma carrière ?
N'ai-je pas acquitté le tribut des malheurs ?
Faut-il donc, en quittant cette exécrable terre
Que je la couvre encor du torrent de mes pleurs ?
Il en fit assez pour sa gloire
Et beaucoup trop pour son repos.

Donatien Alphonse François, marquis de Sade, entre dans la postérité et voit se dresser la haie d'honneur de tous les écrivains qui lui succèdent et lui rendent hommage, des romantiques du XIXe aux surréalistes du XXe siècle.

Thibault de Sade, descendant du marquis, titulaire d'un DEA de Sciences Politiques et auteur d'un mémoire sur « Sade, des systèmes politiques raisonnés », a préfacé aux éditions Antidote *Sade, Propos d'un insoumis*. Pour lui, Sade restera toujours un perpétuel pourfendeur de l'uniformité et un vivifiant combattant de la liberté. D'entrée de jeu, il nous livre le conseil qu'a donné son ancêtre pour devenir un authentique auteur : « Malheur à l'écrivain bon et plat qui ne cherchant qu'à flatter les opinions à la mode renonce à l'énergie qu'il a reçue de la nature pour ne nous offrir que l'encens qu'il brûle complaisamment aux pieds du parti qui domine. » On croirait entendre Honoré de Balzac : « J'appartiens à ce parti d'opposition qui s'appelle la vie. »

Thibault de Sade nous invite aussi à considérer la précocité littéraire de son illustre prédécesseur : « Dès sa naissance, le jeune marquis se trouvait dans un milieu propre à le sensibiliser à la littérature et à la philosophie ; son père, apprécié à la Cour, pour ses dons pour le théâtre, la poésie et les contes, avait été initié à la franc-maçonnerie en même temps que Montesquieu, et son oncle l'abbé de Sade, précepteur de toute son enfance, était l'ami intime de Voltaire. Ses premiers pas à l'hôtel de Condé l'ont, semble-t-il, tout de suite conduit vers les lieux où se jouaient de petites œuvres de son père ou de ses amis, alors même que cette résidence princière allait, quelques années plus tard, être détruite pour laisser la place au Théâtre français, actuel théâtre de l'Odéon. »

Le marquis de Sade, grandi en dissipation et en âge, verra bientôt son nom lui survivre. Aujourd'hui entré dans la postérité, les auteurs le saluent par une haie d'honneur. Elle commence par l'hommage de la génération romantique.

Comme l'écrit Jean-Paul Brighelli, agrégé de lettres et professeur de littérature à Montpellier, dans son brillant ouvrage *Sade, la vie la légende* : « Lorsque Sade meurt, toutes les grandes plumes du romantisme sont déjà nées. Dans les bibliothèques paternelles – ou maternelles – ces littérateurs en herbe trouvent souvent le marquis, sous des couvertures camouflées, comme le racontera Janin. Au pire, ils font sa connaissance durant leurs années de formation ». Horace de Viel-Castel, contemporain des Romantiques, relève l'influence des œuvres du marquis dans Notre Dame de Paris de Hugo, dans Mademoiselle de Maupin de Théophile Gautier, dans l'œuvre de Georges Sand comme dans celle d'Eugène Sue, de Musset et de Dumas. Quant à Paulhan, il relève que Justine est le livre de chevet de Lamartine et de Baudelaire, de Barbey d'Aurévilly et de Lautréamont. Même Stendhal n'y échappe pas, qui évoque souvent Sade dans ses Marginalia.

L'hommage des écrivains se poursuit par cet éloge du poète Guillaume Apollinaire : « Le marquis de Sade, cet esprit le plus libre qui ait encore existé, avait sur la femme des idées particulières et la voulait aussi libre que l'homme. Ces idées, que l'on dégagera quelque jour, ont donné naissance à un double roman : *Justine* et *Juliette*. Ce n'est pas au hasard que le marquis a choisi des héroïnes et non pas des héros. Justine, c'est l'ancienne femme, asservie, misérable et moins qu'humaine ; Juliette au contraire représente la femme nouvelle qu'il entrevoyait, un être dont on n'a pas encore idée, qui se dégage de l'humanité, qui aura des ailes et qui renouvellera l'univers. »

Pour André Breton, le « pape » du surréalisme, « le marquis de Sade a regagné l'intérieur du volcan en éruption d'où il est venu avec ses belles mains encore frangées, ses yeux de jeune fille et cette raison à fleur de sauve-qui-peut qui ne fut qu'à lui. Mais du salon phosphorescent à lampes de viscères, il n'a cessé de jeter les ordres mystérieux qui ouvrent une brèche dans la nuit morale. C'est par cette brèche que je vois les grandes ombres craquantes, la vieille écorce minée se dissoudre pour me permettre de t'aimer comme le premier homme aima la première femme en toute liberté, cette liberté pour laquelle le feu même s'est fait homme, pour laquelle le marquis de Sade défia les siècles de ses grands arbres abstraits d'acrobates tragiques cramponnés au fil de la Vierge du désir. »

Pour le poète Paul Éluard, dans le n° 8 de la revue *La Révolution surréaliste* parue en 1926, « pour avoir redonné à l'homme civilisé la force de ses instincts primitifs, pour avoir voulu délivrer l'imagination amoureuse de ses propres objets, et pour avoir lutté désespérément pour la justice et l'égalité absolue, le marquis de Sade a été enfermé presque toute sa vie à la Bastille, à Vincennes et à Charenton. Son œuvre a été livrée au feu ou à la curiosité sénile d'écrivains pornographiques qui se firent un devoir de la dénaturer. Son nom est devenu le synonyme de cruel et d'assassin. Tous les assis ont bavé sur cette âme indomptable ».

Pour André Pieyre de Mandiargues, l'écrivain surréaliste, « quel précurseur que Sade en ces chapitres fantastiques de la seconde moitié de *Juliette* ! À quel point le romantisme français, avec tout ce qui vient à la suite jusqu'à la poussée du lys du symbolisme, leur est redevable ».

Pour Albert Camus dans *L'Homme révolté*, « le succès de Sade à notre époque s'explique par un rêve qui lui est commun avec la sensibilité contemporaine : la revendication de la liberté totale, et la déshumanisation opérée à froid par l'intelligence ». Pour la féministe Simone de Beauvoir dans *Faut-il brûler Sade ?*, « personne n'est plus passionnément attaché que lui au concret. Il n'a jamais accordé aucun crédit aux "on-dit" dont les esprits médiocres se nourrissent paresseusement ; il n'adhère qu'aux vérités qui lui sont données dans l'évidence de son expérience vécue ; aussi a-t-il dépassé le sensualisme de son époque pour le transformer en une morale de l'authenticité ».

Pour Alain Robbe-Grillet, le chef du file du Nouveau Roman, « la transgression chez lui est de l'ordre du tout dire : prouver par l'écriture que la langue reçue peut matériellement dire tout ce qu'elle ne doit pas dire. Il ne suffisait pas d'y penser ; il fallait l'oser. Son hypothèse – c'est-à-dire son risque – c'est qu'il n'y a aucun énoncé, si pervers soit-il, qui ne soit énonçable. Le ruisselet de sang n'est là que pour mettre en valeur la perfection des courbes les plus délicates, la souffrance ne sert qu'à faire trembler d'émotion le tendre ourlet des lèvres, briller davantage la profondeur des yeux, bouger plus exquisément les reins ; la torture n'est en somme qu'une amoureuse exacerbation des caresses qui leur rendent un juste hommage ». Pour Roland Barthes, l'auteur du *Fragment d'un discours amoureux*, « c'est donc en définitive l'écriture de Sade qui supporte tout Sade. Sa tâche, dont elle triomphe avec un éclat constant, est de contaminer réciproquement l'érotique et la rhétorique, la parole et le crime, d'introduire tout à coup dans les conventions du langage social les subversions de la scène érotique, dans le même temps où le "prix" de cette scène est prélevé dans le trésor de la langue ».

Octavio Paz, le poète mexicain auteur d'*Un au-delà érotique, le marquis de Sade*, choisit lui l'apostrophe poétique :

Tu ne t'es pas effacé.
Les lettres de ton nom sont encore une cicatrice.
Un tatouage d'infamie sur certains fronts.
Comète au lourd sillage phosphorescent : raisons-obsessions,
Tu traverses le dix-neuvième siècle une grenade de vérité à la main
Et tu éclates en butant sur notre époque.

Ainsi est dressée la haie d'honneur des auteurs en faveur de l'écrivain Donatien de Sade. Swinburne, le poète et critique anglais du XIXe siècle, avait donc raison : « Le jour et le siècle viendront où des statues lui seront érigées dans les murs de chaque ville et où des sacrifices lui seront offerts au pied de chaque piédestal. »

2

LE NOBLE REJETON D'UN LIGNAGE DE PROVENCE

> « Rien n'est sacré, dans une famille, comme l'honneur de ses membres. »
>
> Sade

Presque cinq siècles avant la composition de cette épitaphe, le 6 avril 1327, dans l'église Sainte-Claire d'Avignon, un matin de la semaine sainte, un séduisant jeune homme, portant chausses, pourpoint et chaperon, dissimulé derrière un pilier, contemple, le cœur battant, une merveilleuse jeune femme priant. Son profil de médaille dégagé par la coiffure élaborée, la gorge si ronde qu'il devine sous la cape et la pudeur contenue dans son attitude dévote viennent de le bouleverser pour toujours. À l'instant même où il la voit, comme frappé par les rayons du soleil provençal perçant le vitrail et nimbant le visage de la dame, à la manière d'une auréole, il en tombe éperdument amoureux et le sera jusqu'à son dernier souffle. Elle va désormais incarner, dans toute son œuvre, entre cette fin du Moyen Âge et cette Renaissance qui s'approche, la perfection absolue. Il ne cessera plus jamais d'en parler, mélangeant, comme on le fait à cette époque, les beautés physiques de la dame et ses vertus morales, le désir qu'il a d'elle mais aussi la régénérescence métaphysique qu'elle lui inspire, l'amour qu'il éprouve pour elle et celui que lui inspire Dieu.

On se croirait dans un conte de Boccace ! Et, pourtant, non seulement cette scène est bien réelle, mais elle va alimenter l'imaginaire littéraire pendant des siècles. Car ce jeune amoureux, un Italien de 24 ans, natif d'Arezzo, est un poète en herbe. Il s'appelle Francesco Petrarca, mais la postérité le connaît sous son nom francisé de Pétrarque. Étudiant à Bologne et à Montpellier, il est ensuite entré à la cour pontificale d'Avignon où il sert désormais en qualité de diplomate, après avoir reçu les ordres mineurs qui font de lui un clerc, mais pas un prêtre, ce qui l'autorise à regarder les jeunes femmes et même plus. Quant à l'objet de sa passion, née Laure de Noves, elle est, depuis deux ans, l'épouse d'Hugues de Sade, ancêtre direct de celui dont une autre postérité fera le divin marquis. Par référence au divin Arétin.

Ainsi, le plus grand poète de cette fin du Moyen Âge fait-il déjà entrer le nom de Sade dans l'histoire de la littérature, imprimant à cette lignée un prestige incontestable. En effet, jusqu'à sa mort, survenue à Padoue en 1374, Pétrarque ne cessera de chanter son aimée dans ses vers, et même de la pleurer, puisqu'elle s'éteint avant lui, victime de la peste, en 1348. François Ier lui-même, faisant étape en Avignon, viendra se recueillir sur la tombe de Laure de Sade. Il composera d'ailleurs un fameux quatrain à la mémoire de cette mère de dix enfants. On ne sait pas si elle a un jour succombé aux avances de son adorateur, mais elle demeure à jamais l'un des symboles de l'amour le plus absolu, hantant le destin de ses descendants. Sade lui-même, après avoir prénommé sa fille Laure, dans sa cellule de Vincennes, ne croira-t-il pas voir, au mois de février1779, le fantôme de son aïeule lui apparaître et le consoler de ses innombrables malheurs : « Il était environ minuit. Je venais de m'endormir. Tout d'un coup, elle m'est apparue. Je la voyais ! L'horreur du tombeau n'avait pas altéré l'éclat de ses charmes et ses yeux avaient encore autant de feux que quand Pétrarque la célébrait. Un crêpe noir l'enveloppait en entier et ses beaux cheveux blonds flottaient négligemment dessus. Il semblait que l'amour, pour la rendre encore belle, voulût adoucir tout l'appareil lugubre dans lequel elle s'offrait à mes yeux. “Pourquoi gémis-tu sur la terre ? m'a-t-elle dit. Viens te joindre à moi, plus de maux, plus de chagrins, plus de trouble dans l'espace immense que j'habite. Aie le courage de m'y suivre.” À ces mots, je me suis prosterné à ses pieds et je lui ai dit : “Ô, ma mère !...” Et les sanglots ont étouffé ma voix. Elle m'a tendu une main que j'ai couverte de mes pleurs ; elle en versait aussi. “Je me plaisais, a-t-elle ajouté, à porter mes regards dans l'avenir, lorsque j'habitais ce monde que tu détestes ; je multipliais ma postérité jusqu'à toi et ne te voyais pas si malheureux.” Alors, absorbé par mon désespoir et ma tendresse, j'ai jeté mes bras autour de son col pour la retenir, ou pour la suivre, et pour l'arroser de mes larmes, mais le fantôme a disparu. Il n'est resté que ma douleur. » À Charenton, pensant encore à elle, il écrira : « Laure me tourne la tête, j'en suis comme un enfant ; je la lis tout le jour, et la nuit j'en songe. »

Tout le monde n'a pas une ancêtre aimée par Pétrarque. Voltaire lui-même, l'ami du père et de l'oncle du marquis de Sade, la célébrera comme une pérennité de l'immanence de la passion amoureuse. Quant à Stendhal, à l'époque romantique, il y trouvera manière à développer son système de la « cristallisation amoureuse ». Incontestablement, la passion de Pétrarque a renforcé les Sade dans l'aspect exceptionnel de leur destinée, sans doute davantage que cette autre aïeule, qui compta parmi les innombrables maîtresses d'Henri IV. En fait, la certitude d'être unique ne fut, comme chez tant d'autres, que la somme des préjugés que la plupart des familles de la noblesse d'extraction, dite aussi noblesse de souche, vieille noblesse ou noblesse d'épée, cultivait par rapport à d'autres, entrées plus tard dans le deuxième ordre du royaume, tels ces nobles de robe, parmi lesquels il prendra femme.

Pourtant, contrairement à une légende bien entretenue, et malgré leurs armoiries portant une étoile à seize rais dont la tradition populaire fait l'étoile de Balthazar, les Sade ne descendaient pas du Roi mage. Ils viendraient en fait d'une famille de marchands, anciennement connue dans le Comtat Venaissin, qui finirent par être anoblis par le pape au XIVe siècle, à l'époque de Girard de Sade et de son épouse Jeanne Palmier. En tout cas, provençaux ils furent toujours, ce qui aurait déjà dû justifier la méfiance du Corse Bonaparte pour Donatien. En nommant Thibaudeau préfet des Bouches-du-Rhône, il le mit d'ailleurs ainsi en garde : « Les Provençaux sont frondeurs et turbulents, toujours prêts à se jeter dans les extrêmes. »

Louis de Sade, viguier d'Avignon, fit construire, en 1177, le célèbre pont dont le Rhône devait emporter plus tard une partie, et dont une chanson a conservé le souvenir. Officiers de la maison des souverains pontifes jusqu'à leur départ d'Avignon, puis capitaines dans leur armée, bientôt alliés aux principales familles patriciennes de Provence, parmi lesquelles les Grimaldi, les Sade ont rapidement prospéré. Ils ont servi l'Église ou l'Armée, tandis qu'Elzéar de Sade, qui reçut en Avignon l'empereur Sigismond, obtint de ce dernier, au XVe siècle, l'autorisation d'ajouter à ses armes l'aigle bicéphale. On trouve ainsi, au fil des siècles et des branches de leur arbre généalogique, nombre de figures illustres, parmi lesquelles des évêques de Marseille ou de Cavaillon, des présidents du parlement d'Aix ou des grands prieurs de Saint-Gilles, notables de la fin du Moyen Âge, de la Renaissance ou du Grand Siècle, emblématiques de cette admirable Provence si profondément monarchiste, catholique et traditionaliste.

Particulièrement attachés à leurs terres soleilleuses du Comtat Venaissin, bercées par le chant des cigales, de ce qui est aujourd'hui le département du Vaucluse, les Sade augmentèrent au fil du temps, par le biais des mariages ou de leur débrouillardise, le nombre de leurs seigneuries. La plus emblématique demeure assurément, sur une colline du Lubéron, celle de La Coste, avec son impressionnant château-forteresse dominant le plateau des Claparèdes et la vallée de Bonnieux. Situé face au Lubéron, entré dans la famille par le mariage, en 1627, de son héritière, Diane de Simiane, avec Jean-Baptiste de Sade, l'imaginaire collectif allait en faire plus tard l'angoissant et fascinant symbole du monde sadien, en raison de l'attachement particulier de l'auteur de *Justine* à ce lieu. Il y passa probablement les années les plus heureuses de sa vie, dans la certitude de son rang de grand féodal et l'assurance de la solidité des branches de son arbre généalogique.

De Hugues de Sade et de Laure de Noves, en effet, naquit Hugues III de Sade, conseiller d'Avignon, qui épousa Giraude de Lechenon ; d'où Jean de Sade, juge-mage de Provence, marié à Raymonde de Caÿs. De ces derniers naquit Étienne de Sade, seigneur de Mazan et de Venasque, marié à Catherine de Canassole du Roul ; d'où Pierre de Sade qui, de Baptistine de Forbin, eut Joachim de Sade, mort en 1538 et marié à Clémence de Gérard. De ces derniers naquit Jean de Sade, capitaine de Vaison, qui, de Sybille de Jarente-Senas, eut Balthasar de Sade, mort en 1613, seigneur de Saumane et de

Mazan, marié à Diane de Baroncelli. D'où Jean-Baptiste de Sade, mort en 1669 et marié à Diane de Simiane, qui enfantèrent Côme de Sade, mort en 1694 et mari d'Élisabeth de Louët de Nogaret. Voilà pour la branche, dite de Saumane, qui allait enfanter le divin marquis.

Une autre branche, dite d'Eyguières, allait parallèlement se développer et donner Hippolyte de Sade, officier de marine comptant parmi les héros de l'indépendance américaine, mort en 1780 à bord de son navire en vue de la côte de Cadix. Il fut oublié en raison de la célébrité de son cousin, de même que François-Xavier de Sade, châtelain de Condé-en-Brie, député de l'Aisne sous la Restauration et la monarchie de Juillet, dont la fille, Laure, épousera justement le fils cadet de Donatien, procédant ainsi à la fusion des deux branches. Cette alliance reste d'autant plus exceptionnelle que les descendants du marquis de Sade, tout en le rejetant jusqu'à la seconde moitié du XXe siècle, furent ainsi, par cette singulière union, deux fois Sade !

Quelques noms égrenés et nous voici déjà passés du temps de la guerre de Cent Ans à celui des Lumières, avec le fils de Côme, Gaspard de Sade (1676-1739), seigneur de Saumane et de Mazan, ambassadeur d'Avignon auprès du pape Clément XI. Malgré le retour de la Papauté à Rome, le Comtat Venaissin demeura sous sa coupe jusqu'à la Révolution, qui l'annexera. Marié à Louise Aldonse d'Astouaud de Murs, avec laquelle il habite le beau château de Mazan, si caractéristique du style provençal, il est le grand-père de notre personnage. De ce mariage sont nées cinq filles, dont une seule, Henriette Victoire, se mariera avec un gentilhomme d'Avignon, le marquis de Villeneuve-Martignan, dont la demeure abrite à présent le superbe musée Calvet, tandis que ses quatre sœurs devinrent religieuses dans des couvents environnants.

Mais vinrent également au monde trois fils, Louis-Balthasar de Sade, chevalier de Malte, bailli puis grand prieur de Toulouse, Jacques-François de Sade, abbé commendataire d'Ébreuil et Jean-Baptiste de Sade, leur aîné, venu au monde le 12 mars 1702. Une vingtaine d'années plus tard, il décide de rompre une tradition grégaire qui, jusque-là, voulait que les Sade demeurassent dans leur fief. Trouvant sans doute sa province trop étriquée pour contenir ses ambitions, il quitte en effet Mazan à l'âge de 19 ans pour s'en aller chercher fortune dans le Paris des dernières années de la Régence. Petit maître ne manquant ni de séduction ni d'aplomb – son portrait par Nattier, le représentant portant cuirasse et perruque, en témoigne –, il fait merveille dans les salons, mais aussi les alcôves de la capitale. Il finit par entrer au service du duc de Bourbon, fils du prince de Condé – lui-même petit-fils du vainqueur de Rocroi –, principal ministre du jeune Louis XV après la mort du Régent. Celui-ci fait de lui le capitaine des dragons de sa garde personnelle. À ce titre, il participe aux campagnes militaires de 1734 et 1735 en qualité d'aide de camp du maréchal de Villars. Sa bonne conduite lui vaut de pouvoir acquérir, quatre ans plus tard – en déboursant à cet effet la somme de 135 000 livres – la charge de lieutenant des provinces de Bresse, Bugey, Valromey et Gex. Cette fonction lui rapportera quelque 10 000 livres par an, sans toutefois permettre à ce caractère inconstant, prodigue et dépensier, rapidement perclus de dettes, de faire fortune. N'aurait-il pas accompli une plus grande carrière s'il avait été plus sage, plus modéré et moins libertin, au double sens que suggère ce terme au XVIIIe siècle, c'est-à-dire voluptueux et peu disposé à croire en Dieu ? C'est certain !

En agissant ainsi, le rejeton des Sade lie son destin à cette branche cadette de la famille royale issue d'un des frères d'Antoine de Bourbon, le père d'Henri IV, pour le meilleur et pour le pire. Mais c'est ainsi sous l'Ancien Régime. On n'échappe pas à son appartenance à ceux qu'on sert, en bien comme en mal. Le duc de Bourbon tombe bientôt et doit quitter le pouvoir. Jean-Baptiste de Sade demeure auprès de lui et, comme plus tard son fils, sera *a priori* suspect d'« être aux Condé », selon la formule du temps, en raison de la détestable réputation qui entoure cette maison. Les Condé sont en effet considérés, au mieux comme des extravagants, au pire comme des fous ! Par obligation, il restera auprès de ce dernier, jusqu'à devenir son principal conseiller, son homme de confiance, son confident, et bientôt, le 13 novembre 1733, le mari d'une des dames d'honneur de la princesse – et de surcroît petite cousine du prince –, Marie Éléonore de Maillé, sa cadette de douze ans, fille de Donatien de Carman, comte de Maillé, gentilhomme breton, et de Louise Binet de Marcognet.

Si Jean-Baptiste de Sade renforce ainsi son implantation dans la maison de Condé et, par là même, le prestige de sa lignée, puisque la nouvelle comtesse de Sade est apparentée de près à Richelieu, cette union n'arrange pas ses affaires. La dot de son épouse est en effet fort mince. De surcroît, cette femme totalement insignifiante ne comptera ni dans la vie de son mari, ni dans celle de son fils ; elle finira bientôt sa vie au couvent des Carmélites de la rue Saint-Jacques, oubliée de tous, et déjà recluse, comme son fils plus tard, mais, elle, de son plein gré. «

Est-elle responsable de cette phrase de son fils : « J'aime mon père à la folie, et je sens que je déteste ma mère. Cette prédilection n'a rien d'étonnant. Uniquement formé du sang de nos pères, nous ne devons absolument rien à nos mères ; elles n'ont fait d'ailleurs qu'à se prêter à l'acte, au lieu que le père l'a sollicité ; le père a donc voulu notre naissance pendant que la mère n'a fait que d'y consentir. Quelle différence pour les sentiments ».

Installé dans un vaste appartement de l'hôtel des Condé au luxe opulent, le jeune couple, en attendant, mène grand train, du moins lorsque Jean-Baptiste de Sade est à Paris. Car très rapidement, un désir s'est éveillé en lui, celui d'être diplomate. Déjà, quelques années plus tôt, il a rendu service à la Couronne en acceptant une mission en Hollande, une deuxième en Allemagne et une troisième en Angleterre. Le 12 mai 1730, il est initié dans la franc-maçonnerie, le même soir qu'un gentilhomme bordelais, Montesquieu, futur auteur de *L'Esprit des lois* !

Ayant pris goût à ces voyages, il sollicite un poste plus officiel qui lui est accordé quelques mois après la naissance de son fils, venu au monde le 2 juin 1740, après le décès d'une première fille mort–née, en l'hôtel de Condé. L'enfant est baptisé à Saint-Sulpice, la paroisse du quartier. Naturellement, le clerc préposé à cet acte ignore que le bébé qu'il ondoie, à qui on donne le prénom de Donatien (celui de son grand-père maternel), d'Aldonse (celui de sa grand-mère maternelle, bien que le clerc se trompe en écrivant Alphonse sur le registre) et de François, va acquérir, un jour, une célébrité dont il ne soupçonne pas la nature. Il est ensuite confié à une nourrice, qui va veiller sur sa prime enfance, puisque, à cette époque, les parents ne s'occupent guère de leurs rejetons, du moins jusqu'à l'âge de raison.

Son fils laissé aux soins des femmes, Jean-Baptiste de Sade quitte bientôt les lieux. Au mois de janvier 1741, il est nommé par le cardinal de Fleury, ministre plénipotentiaire auprès de l'Électeur de Cologne, en résidence à Bonn, qu'il gagne au mois de février. Il a pour principale tâche d'empêcher Marie-Thérèse de devenir impératrice d'Allemagne, ce que la France ne veut pas, qui tente de pousser sur le trône son rival Charles-Albert. Cette mission va rapidement échouer, non seulement en raison des mauvaises relations s'établissant entre le dévot Électeur et le libertin comte de Sade, mais encore d'un voyage malvenu en France, où l'émissaire se rend sans autorisation. S'y ajoute bientôt un mot malheureux prononcé par le comte de Sade à l'encontre de la duchesse de Châteauroux, alors maîtresse du roi, qui, au mois de décembre 1744, lui vaut la disgrâce définitive de Louis XV et sonne la fin de sa carrière diplomatique.

De ce jour, le père de Donatien ne connaîtra plus que rancœur, déceptions et embarras financiers ce qui, progressivement, le conduira à s'isoler puis même à se réconcilier avec l'Église. La cinquantaine venue, le spirituel et irrévérencieux jeune homme, ami de Voltaire, fera ainsi figure d'ennuyeux barbon. Pour autant lucide sur sa vie, il écrira : « Ce qui m'a empêché de faire fortune, c'est que j'ai toujours été trop libertin pour rester dans une antichambre, trop pauvre pour mettre les domestiques dans mes intérêts, trop orgueilleux pour rendre hommage aux favoris, aux ministres, à la maîtresse. Que ceux qui espèrent ou qui souhaitent parvenir par leurs moyens, ai-je dit cent fois, leur fassent la cour… J'ai longtemps vécu dans le tourbillon des mensonges et des médisances. D'aujourd'hui seulement je jouis d'une chose que les rois ne sauraient donner, car ils ne la possèdent pas, c'est la liberté. »

Il n'aura cependant de cesse, jusqu'à son dernier souffle, de veiller sur son fils unique, pour lequel il éprouve des sentiments très vifs – au demeurant réciproques. Cet attachement en fait non seulement une exception en son temps, mais encore un cas psychanalytique caractéristique : celui du géniteur qui est tout à la fois père et mère, omniprésent, voulant régenter la vie de son fils et le réprimandant toujours pour ne pas avoir à lui dire qu'il l'aime, et qu'il n'aime que lui. Peut-être aussi parce qu'il espère qu'il réussira sa carrière à sa place et vengera son nom des humiliations.

Réalise-t-il très vite que son fils lui ressemblera ? Nul doute car, au-delà d'une sensualité particulièrement aiguisée, pour ne pas parler d'un immoralisme chronique, Monsieur de Sade est aussi un homme de lettres particulièrement prolixe, tour à tour épistolier, auteur de comédies, de contes et de nouvelles. S'il n'en fera jamais son métier, il ne cessera de coucher ses pensées jusqu'à son dernier jour, fréquentant avec assiduité les meilleurs esprits du siècle, Montesquieu, Crébillon, Collé, Piron et même Voltaire, avec lequel il échange des vers savoureux, comme celui que le philosophe lui adresse, alors qu'il s'en va rejoindre Villars en Allemagne, peu après son mariage :

Vous suivez donc les étendards
De Bellone et de l'Hyménée ?
Vous vous enrôlez cette année
Et sous Carman et sous Villars.
Le doyen des héros, une beauté novice,
Vont vous occuper tour à tour,
Et vous nous apprendrez un jour
Quel est le plus rude service
Ou de Villars ou de l'Amour.

Auquel il répond :

Ami, je suis les étendards,
De Bellone et de l'Hyménée.

Si je quitte une épouse aimée,
C'est pour voir triompher Villars.
Mars et l'amour me trouveront novice,
Mais je m'instruirai tour à tour,
Avec Villars, des rigueurs du service,
Avec Carman, des douceurs de l'Amour.

Pendant qu'il se répand dans les salons, les ambassades ou au combat, son héritier, sevré, grandit, lui, dans la douce intimité de l'hôtel de Condé. Il apprend à marcher dans son jardin ou, peut-être, dans celui, tout proche, du Luxembourg. Là, il devient le compagnon de jeux du fils du maître des lieux, le futur duc de Bourbon et prince de Condé, son aîné de quatre ans. En 1789, ce dernier comptera parmi les premiers émigrés. Il réunira à l'étranger l'armée qui portera son nom et tentera sans succès d'endiguer les progrès de l'armée révolutionnaire. Exilé en Angleterre, il pleurera la mort de son petit-fils, le duc d'Enghien, fusillé dans les fossés de Vincennes en 1804, avant de s'éteindre, à Chantilly, quatorze ans plus tard.

Éduqués sous la conduite de Madame de Roussillon, gouvernante du jeune prince, les deux enfants subissent aussi la singulière influence du comte de Charolais, frère cadet du duc de Bourbon. Ce personnage d'une rare cruauté s'amuse à tuer, gratuitement, pour son seul plaisir, les ouvriers ou paysans qu'il croise dans ses périples. Les historiens de Sade en ont fait le modèle du personnage sadien par excellence. Une telle proximité – c'est incontestable – marque cet enfant élevé dans les extravagances d'un lignage de grands seigneurs perclus de tares, envers lesquels les Parisiens n'éprouvent que crainte et mépris. Il n'oubliera jamais, en effet, l'hôtel de Condé, qui passe, à cette époque, pour l'un des plus somptueux de la capitale, de même que le fabuleux domaine de Chantilly où, aux beaux jours, se transporte la cour des Condé pour des fêtes somptueuses ou de grandioses parties de chasse.

Ceci renforce la haute idée que, dès le début, il a de lui-même – et qu'il aura toujours ! –, comme il le confiera plus tard, non sans lucidité : « Allié par ma mère à tout ce que le royaume avait de plus grand ; tenant, par mon père, à tout ce que la province de Languedoc pouvait avoir de plus distingué ; né à Paris dans le sein du luxe et de l'abondance, je crus, dès que je pus raisonner, que la nature et la fortune se réunissaient pour me combler de leurs dons ; je le crus parce qu'on avait la sottise de me le dire, et ce préjugé ridicule me rendit hautain, despote et colère ; il semblait que tout dût me céder, que l'univers entier dût flatter mes caprices, et qu'il n'appartenait qu'à moi seul et d'en former et de les satisfaire. » Tout est dit, dans cette confession, qui vaut bien celles de Rousseau, aux prémices d'une vie, peut-être de débauche, mais surtout de pleine assurance, et même de défi. Elle fera de ce grand seigneur, qu'on peut compter parmi les privilégiés de la société, un rebelle d'abord, un révolté ensuite, du commencement à la fin de sa vie, qui, jamais, ne s'excusera d'être ce qu'il est !

Quelques années plus tard, le prince de Condé, après avoir construit une nouvelle résidence, le palais Bourbon – l'actuelle Assemblée nationale –, vendra au roi son hôtel. Il laissera place à un nouvel ordonnancement architectural du quartier, tandis que, à l'emplacement de ses jardins, seront édifiés le théâtre et la place de l'Odéon, détail amusant lorsqu'on connaît le goût de Sade pour le théâtre. Pourtant, curieusement, aucune plaque ne mentionne qu'à son emplacement, à deux pas du Sénat, vint au monde l'un des êtres les plus originaux du siècle des Lumières. Le marquis de Sade, aujourd'hui encore, sent le soufre, y compris dans les bureaux de la mairie de Paris, pourtant prodigue en missions mémorielles de toutes sortes. Ce faisant, dans ce quartier habituellement tranquille et silencieux, nul passant ne prête la moindre attention à son souvenir, pas plus du reste que ceux dont les pas poussent aux abords de l'hôpital de Charenton, constituant les deux étapes fondamentales de la vie du divin marquis, celle du commencement et celle de la fin. Ces quelque soixante-dix années, à l'instar des personnages de Shakespeare, seront « pleines de cris et de fureurs » et ne ressembleront à la vie d'aucun autre homme, parmi ses contemporains.

En cette seconde moitié du XVIIIe siècle, si nombre de garçons de son âge seront bientôt appelés à vivre des destins extraordinaires, faisant d'eux de futurs révolutionnaires, de futurs généraux ou maréchaux d'Empire, de futurs dignitaires de la Restauration, un seul va mener cette existence de reclus plus ou moins permanent, rejeté par tous les régimes, qui fera de lui le plus obscur des hommes célèbres ou le plus célèbre des hommes obscurs.

Comme pour Montesquieu, l'auteur de la théorie des climats, pour le marquis de Sade, la vision du mal se modifie et change en fonction de la géographie.

« Ne sais donc tu pas que l'assassinat s'est vu honoré dans la Chine, le viol en Nouvelle-Zélande, le vol à Sparte ? Cet homme que tu vois sur place tiré à quatre chevaux, qu'a-t-il fait ? Il a voulu commettre à Paris quelques vertus du Japon. Cet autre, que nous laissons pourrir sur la paille humide, quel est son crime ? Il a lu Confucius. »

Avec ces mots, Sade n'a pas de mal à prouver que ce qu'on appelle ici crime n'est plus considéré comme tel là-bas. Pour lui tout varie, tout est relatif suivant les lieux et les époques. Les notions de vice et de vertu ne sont pas universelles, elles dépendent au contraire d'une interprétation ou d'une tradition locales. Dans *Aline et Valcour*, Sarmiento proclame : « Il est faux qu'il y ait d'autres vertus que celles de la convention. Toutes sont locales, et la seule qui soit respectable, la seule qui puisse rendre l'homme content est celle du pays où il est. » Sade revient sur cette idée dans *Eugénie de Franval*. Cette fois, c'est Clervil qui déclare qu'il n'y a pas de conscience universelle, mais qu'il peut en exister une nationale. Il n'y a certainement aucun mal « à préférer la promenade des boulevards à celle des Champs Élisez ; s'il se promulguait néanmoins une loi qui interdit les boulevards aux citoyens, celui qui enfreindrait cette loi se préparerait peut-être une chaîne de malheur quoiqu'il eût fait une chose très simple en l'enfreignant ».

Il paraît donc évident qu'il vaut mieux se soumettre aux lois et coutumes de son pays. Sade, satisfait de sa théorie, va l'étendre à d'autres sujets : « Je ne comprendrai jamais qu'un père qui voulut bien donner la vie, ne soit pas libre de donner la mort. » C'est bien ce qu'il affirme dans *Les Infortunes de la vertu*. On a le droit de vie et de mort sur ses enfants et on peut les éliminer si nécessaire. Il ne s'agit que d'un peu de semence, on est maître de reprendre *ce qu'on a donné*. Le marquis n'est pas à court d'arguments pour justifier ce qu'il avance. Ainsi dans *Justine ou les Malheurs de la vertu*, il remarque : « Les lois de Lycurgue, le modèle des législateurs, non seulement laissaient aux pères tout droit sur leurs enfants mais condamnaient même à mort ceux que les parents ne voulaient pas nourrir ou ceux qui se trouvaient mal formés ; une grande partie des sauvages tuent leurs enfants aussitôt qu'ils naissent. Presque toutes les femmes de l'Asie, de l'Afrique, de l'Amérique se font avorter sans courir de blâme ; Cook retrouva cet usage dans toutes les îles de la mer du Sud. Romulus permet l'infanticide ; la loi des Douze Tables le toléra de même et jusqu'à Constantin, les Romains exposaient ou tuaient impunément leurs enfants. Aristote conseille ce prétendu crime ; la secte des stoïciens le regardait comme louable ; il est encore très en usage en Chine. Chaque jour on trouve et dans les rues et sur les canaux de Pékin plus de dix mille individus immolés ou abandonnés par leurs parents et quel que soit l'âge de l'enfant, dans ce sage empire, un père, pour s'en débarrasser, n'a besoin que de le mettre entre les mains du juge. D'après les lois des Parthes, on tuait son fils, sa fille ou son frère, même dans l'âge nubile. César trouva cette coutume générale dans les Gaules ; plusieurs passages du Pentateuque prouvent qu'il était permis de tuer ses enfants chez le peuple de Dieu ; et Dieu lui-même, enfin l'exigea d'Abraham... » Il a également plaisir à citer ces autres exemples :

« Les nègres de la Côte du Poivre et de Rio-Gabon prostituent leurs femmes à leurs propres enfants ; l'aîné des fils, au Royaume de Judas, doit épouser la femme de son père, les peuples du Chili couchent indifféremment avec leurs sœurs, leurs filles, et épousent souvent à la fois la mère et la fille. »

Ainsi Sade est-il, à distance, le voisin de Montesquieu qui envisagera l'influence du climat sur le tempérament des hommes et sur les lois, ainsi que l'interprète implacable des *Pensées* de Pascal, pour qui : « Plaisante justice qu'une rivière borne. Vérité en deçà des Pyrénées, erreur au-delà. »

3

UNE ENFANCE SINGULIÈRE ENTRE DEUX LIBERTINS

> « Pardonnez mes travers, c'est l'esprit de famille que je prends, et si j'ai un reproche à me faire, c'est d'avoir eu le malheur d'y être né. »
>
> Sade

Toute en rondeur, avec son visage à l'ovale parfait, son petit nez mutin, sa bouche aux dents nacrées, sa gorge ferme, son sourire enjôleur, elle est infiniment belle et infiniment désirable, dans sa bure de moinillon, serrée dans une ceinture de corde, et elle le sait. C'est ainsi qu'elle s'est fait peindre, avec l'évident souci de transgresser les règles de la bienséance, d'exciter le désir de ses nombreux amants et de choquer le public. Comment peut-on être travestie en moine et mener une existence dissolue, surtout lorsqu'on est une princesse de sang royal ?

Tout le libertinage, au sens moral comme au sens physique, est là, sur ce tableau représentant Mademoiselle de Charolais, dit *Frère Ange de Charolais*, ou mieux ces tableaux, car elle en fait copier des variantes pour les offrir à ses amis. Ainsi celui qui, jusqu'à la fin, ornera la chambre du marquis de Sade, à Charenton, lui rappelant sans cesse ce « temps de la douceur de vivre » dans lequel il a été élevé, et où, en somme, tout était permis, voire même encouragé par un Voltaire qui, à ce sujet, composa ce célèbre quatrain :

Frère Ange de Charolais,
Dis-nous par quelle aventure,
Le cordon de saint François
Sert à Vénus de ceinture ?

Sœur cadette du duc de Bourbon, Louise Anne de Bourbon, dite Mademoiselle de Charolais, s'est en effet distinguée, dès l'âge de 15 ans, par le nombre de ses amants, parmi lesquels les ducs de Richelieu, de Melun et d'Aumont, sans oublier Louis XV lui-même, pour lequel elle organisa maintes parties fines dans son château de Madrid, au bois de Boulogne. Elle n'a pas non plus tardé à être la maîtresse de son protégé, Jean-Baptiste de Sade, beau Provençal au tempérament bien trempé qui, dès son installation à Paris, a conquis nombre de dames de la Cour et de la ville, conscient que c'est en passant par les alcôves qu'on se pousse le mieux dans le monde.

Ainsi, outre Mademoiselle de Charolais, Jean-Baptiste de Sade compte bientôt à son palmarès la duchesse de La Trémoille et même la jeune duchesse de Bourbon, la seconde épouse de son protecteur, Caroline de Hesse-Rheinfeld, une pulpeuse et blonde Allemande, que son mari délaisse par trop. Ceci ne l'empêche pas – et ce sera un autre point commun avec son fils ! – d'apprécier le commerce des garçons, en particulier ceux, innombrables, qui se prostituent dans le Paris de l'époque. Une attitude en tout point conforme aux mœurs de cette maison de Condé où l'homosexualité est un passe-temps chronique qui se transmet de père en fils. Qui n'a en tête le mot du secrétaire du Grand Condé – le futur vainqueur de Rocroi – alors qu'il descendait avec son maître le Rhône déchaîné sur une embarcation un peu frêle qui menaçait de chavirer et auquel il lança alors : « Ne vous inquiétez pas, Monseigneur, nous sommes sodomites. Nous ne pouvons donc périr que par le feu et non par l'eau ! »

Sans culpabilité aucune, Jean-Baptiste de Sade, comme ses protecteurs, va des filles aux garçons, soucieux seulement de son plaisir, quitte à se faire arrêter, une nuit, par les sbires du lieutenant général de police, dans le jardin des Tuileries, alors qu'il vient de lever une *mouche*, c'est-à-dire un de ces séduisants jeunes hommes engagés par la police pour infiltrer le milieu *gay* de l'époque. C'est que la sodomie, à cette époque, est encore considérée comme un crime. Mais Monsieur de Sade est trop grand seigneur pour s'en aller coucher à Bicêtre avec la lie de la société. Renseignements pris sur son identité et ses hautes relations avec la maison de Condé, il est aussitôt libéré. Ce sentiment d'impunité, son fils l'éprouvera, sa vie durant, ne comprenant jamais que la transgression puisse ou doive être punie, dès lors qu'elle résulte de sa volonté.

Jean-Baptiste de Sade connaîtra d'autres amours avant de s'assagir avec l'âge. Il renouera même avec Mademoiselle de Charolais qui, bonne fille, lui offrira l'hospitalité de son château d'Athis-Mons, en Île-de-France, lorsque, perclus de dettes, il ne saura plus où s'établir. Mais l'amour sans doute le plus durable qu'il éprouva est celui qu'il porte à l'une de ses maîtresses devenue la plus fidèle de ses amies, Jeanne-Marie de Blaye de Montrozier, comtesse de Raimond et châtelaine de Longeville, en Champagne. Femme d'esprit et confidente du comte, elle fera office, pour Donatien, de mère de substitution, le recevant chez elle pendant les vacances d'été, et décelant très vite l'aspect tout à la fois singulier et attachant de sa personnalité. Ayant *in fine* perdu Mademoiselle de Charolais, morte de ses excès, et n'ayant pas su prendre la décision de finir avec Jeanne-Marie de Blaye qui, semble-t-il, n'attendait que cela, Jean-Baptiste finira sa vie seul – certes à Versailles, tout près d'un roi qui ne voulait plus entendre parler de lui ! – mais dans un logement de fortune, mettant tous ses espoirs dans la réussite de son fils dans tous les domaines où il a, lui, échoué.

Fils de libertin, Donatien est encore neveu de libertin, puisque son oncle n'a rien à envier à son aîné. Abbé commendataire d'Ébreuil, dans le Bourbonnais, vicaire de l'archevêque de Toulouse, puis de celui de Narbonne, en 1735, l'abbé de Sade a été chargé d'une mission à la Cour par les États du Languedoc. Il s'y est lié avec plusieurs personnalités, dont Voltaire, par ailleurs ami de son frère, qui, faisant allusion à son illustre aïeule, écrivit un jour à cet ecclésiastique : « Vous qui baisez mieux que Pétrarque et rimez aussi bien que lui. » Depuis son retour en Provence, il s'est confortablement installé au château de Saumane, qui compte parmi les seigneuries des Sade. Dans ce lieu un peu austère qu'il a modernisé et doté d'un magnifique jardin, d'une orangerie à la façade sculptée par Puget, ainsi que d'une vaste bibliothèque, cet intellectuel n'a de cesse de classer les archives de sa maison et de composer la première étude sérieuse sur Pétrarque, dont il devient le grand spécialiste, revendiquant d'être le descendant de celle qui a inspiré un si grand amour.

Les siens, cependant, sont plus prosaïques, puisque, à Saumane, il vit avec plusieurs femmes, qu'il honore à tour de rôle, sans se soucier de sa réputation, conforme à ce que disait Voltaire du Prieur de *L'Ingénu*, « un homme très apprécié de ses paroissiens et plus encore de ses paroissiennes ». Nulle hypocrisie dans sa démarche puisqu'il ne cherche même pas à dissimuler ses fredaines ! Tout abbé qu'il soit, il est d'abord un aristocrate, qui, comme tel, n'a pas de comptes à rendre à l'opinion publique. De surcroît, c'est un Sade, si obnubilé par l'ancienneté de sa maison qu'il s'estime dédouané de ses actions ou de ses omissions, n'ayant à se justifier que devant ce « gentilhomme d'en haut », dont il imagine probablement qu'il vit comme lui !

C'est à ce sybarite notoire que Jean-Baptiste décide de confier son fils unique, à 5 ans révolus, pour l'éduquer et tout au moins pour l'éloigner du jeune prince. Comme l'expliquera en effet Donatien lui-même : « Né et élevé dans le palais d'un prince illustre auquel ma mère avait l'honneur d'appartenir, et qui se trouvait à peu près de mon âge, on s'empressait de me réunir à lui, afin qu'étant connu dès mon enfance, je pusse retrouver son appui dans tous les instants de ma vie ; mais ma vanité du moment, qui n'entendait encore rien à ce calcul, s'offensant un jour dans nos jeux enfantins de ce qu'il voulait me disputer quelque chose, et plus encore de ce qu'à de très grands titres sans doute, il s'y croyait autorisé par son rang, je me vengeai de ses résistances par des coups très multipliés, sans qu'aucune considération m'arrêtât et sans qu'aucune autre chose que la force et la violence pussent parvenir à me séparer de mon adversaire. »

Après un long voyage, en malle-poste, de Paris en Avignon, Donatien arrive donc sur la terre de ses ancêtres. Il découvre tout à la fois la Provence, sa parentèle et cet oncle qui lui fait bonne figure, mais ne va guère s'occuper de lui, le laissant libre d'aller et venir à sa guise et de puiser dans sa bibliothèque. Comme toute bibliothèque d'un honnête homme du temps des Lumières, on y trouve de tout, y compris des romans licencieux, que le XVIIIe siècle produit en abondance.

Un château fort, un tuteur libertin, une bibliothèque, les trois éléments de l'univers sadien se mettent en place à Saumane, tout au long de cette période où Donatien passe progressivement de l'enfance à l'adolescence, qui n'existe pas à proprement parler, une époque où on est censé passer de l'enfance à l'âge adulte, que l'on soit fils de prince ou de paysan.

Un tel exemple a-t-il décidé, déjà, du destin du futur divin marquis ? Difficile de l'affirmer dans un domaine aussi complexe que la psychologie des enfants. On en voit élevés dans des milieux dévots devenir libertins et d'autres grandir dans des milieux libertins devenir des dévots ! Le dernier des Borgia ne finit-il pas saint ? Ce qui est certain, c'est que dans cette famille, on ne prend pas de gants pour affirmer ce qu'on est. Donatien n'échappera pas à la règle. Devenu adulte et débauché, il devra pourtant essuyer les reproches de son oncle l'abbé qui ne se posera pas la question de savoir s'il lui a donné ou non le bon ou le mauvais exemple, en s'en allant coucher, le soir, dans sa chambre, avec une ou deux de ses gueuses. « C'est dans le sein de la mère que se fabriquent les organes qui doivent nous rendre susceptibles de telle ou telle fantaisie », écrira Sade plus tard dans *La Nouvelle Justine*. « Les premiers objets présentés, les premiers discours entendus achèvent de déterminer le ressort ; les goûts se forment, les habitudes se prennent, et rien au monde ne peut plus les détruire ! »

En attendant, tout au long de ces années, finalement heureuses, Donatien grandit. Entre les oliviers et les lauriers, il joue à la guerre avec les enfants du village, ses futurs vassaux, auprès desquels il est facile de l'imaginer s'imposant, en sa qualité de fils, petit-fils et descendant des seigneurs de toujours, maîtres immémoriaux dans l'inconscient collectif de cette terre. Saumane restera dans la mémoire de Sade ce qu'Illiers sera à Proust, le sanctuaire de l'enfance, celui où il s'est éveillé à la vie, à la liberté et à la sensualité. Cette lettre qu'il écrira en pleine Révolution à son épouse le montre : « C'est à Saumane, que je veux habiter ; je suis fou de Saumane et j'irai certainement, si je le puis, y finir mes jours ! »

Parallèlement, Sade se rend souvent au château de La Coste, où réside sa grand-mère d'Astouaud, veuve de Gaspard de Sade. Il éprouve déjà une véritable passion pour cette forteresse dont il sera un jour le maître. Ses souterrains, caves, cachots, couloirs ou portes dérobées, qui permettent tant de jeux, prémices d'autres, plus redoutables, qu'il mettra en scène dans quelques années, le fascinent. Son charme agit-il déjà ? On imagine facilement sa grand-mère, heureuse de recevoir son unique petit-fils, le gaver de baisers et de gâteaux, lui passer déjà tous ses caprices et le persuader qu'il pourra faire un jour tout ce qu'il veut dans ce château qui lui appartiendra plus tard !

Il séjourne enfin en Avignon, où réside l'une de ses tantes, qui le trouve charmant et le défendra, jusqu'au bout, des calomnies qu'on répandra sur lui. Visite-t-il les sœurs de cette dernière, retirées dans leurs couvents respectifs ? C'est moins probable, la religion ne tenant que fort peu de place dans cette famille. Il n'empêche, ce long séjour provençal, en un âge si décisif de sa formation, compte dans son évolution. Il ne l'oubliera jamais, même si, au terme de cette première éducation, Donatien, qui vient de fêter sa dixième année en 1750, est rappelé à Paris. Son père l'inscrit au collège Louis-le-Grand, rue Saint-Jacques, pour y effectuer ses humanités. Ce changement, une fois de plus, le fait passer du soleil de Provence à la grisaille de Paris, lui imposant un de ces contrastes dont sa vie sera métronomiquement émaillée, entre les périodes de liberté et celles de réclusion.

Tenu par les jésuites, Louis-le-Grand est l'établissement le plus sélect de Paris, non seulement en raison du coût de la pension, dont ne peuvent s'acquitter que les familles les plus aisées – on y compte, malgré tout, un demi-millier d'élèves ! –, mais encore de la qualité des cours qui y sont dispensés. Tout le siècle des Lumières est passé par là, s'imprégnant d'un enseignement destiné non pas à former des spécialistes mais à parachever des *honnêtes hommes*, tel qu'on le concevait à cette époque. Particulièrement doué, Donatien y apprend facilement l'ensemble des matières constituant la rhétorique de l'époque, à commencer par le latin. Il s'y découvre également un goût particulier pour le théâtre, art dans lequel les professeurs de Louis-le-Grand sont passés maîtres et qui est le complément naturel de leur enseignement.

Quatre ans plus tard, ses humanités achevées, il intègre la seule carrière envisageable pour un garçon de sa qualité, l'armée, avec mission de servir son roi, ce qui constitue l'idéal de la noblesse d'Ancien Régime, en vertu d'une tradition ancestrale. Est-il heureux de quitter le collège pour entrer dans la vie militaire ? Ce n'est pas certain. Il confiera plus tard : « Empressé de me faire servir, on n'acheva point mon éducation et je partis pour le régiment où j'étais employé, dans l'âge où, naturellement encore, on ne devrait entrer qu'à l'Académie. » Cette césure consiste à jeter un enfant dans le monde sans l'avoir préparé. Cela peut choquer, mais c'est l'esprit du temps.

« C'est sur la scène que le monde s'enseigne. » Depuis son enfance où, à Louis-le-Grand, il monte sur les planches avec délices lors de la remise des prix, Sade, homme de spectacle, adore le théâtre. Après les brûlures de l'érotisme, les incendies de la passion, il retrouvera enfin à Charenton les feux de la rampe !

Dix-sept pièces de théâtre écrites par lui-même ; des dizaines d'autres montées par lui, en Île-de-France ou à La Coste, sous l'Ancien Régime et, naturellement, à Charenton sous l'Empire. Celui qui, à la fin de sa vie, signe DAF en lieu et place de son titre de marquis, s'est toujours considéré comme un metteur en scène, un régisseur, un costumier, un souffleur et même un comédien, en un mot « l'homme-spectacle » de cette magie toujours renouvelée entre le lever et le baisser du rideau. Jusqu'à l'interdiction de 1813, un an avant sa propre mort.

En ce sens, et toutes proportions gardées, cet aristocrate/metteur en scène a plus d'un point commun avec un autre metteur en scène aristocrate – et qui plus est cinéaste par la suite –, Luchino Visconti. Ce dernier, par la grâce d'un siècle plus libéré, put en faire son métier, ce qui n'était pas possible au temps de Sade, où, malgré le goût de la société des Lumières pour le théâtre, tous ceux qui gravitaient autour de cet art étaient considérés comme des *moins que rien*, qui plus est encore excommuniés par l'Église. En dépit de l'onirisme des chandelles, des maquillages, des costumes, des décors, des rires, des pleurs et de toutes les émotions transmises et parlant toujours à l'inconscient des spectateurs. C'est d'autant plus remarquable que ce solitaire de

Sade, qui fuit habituellement le monde, cherche grâce au théâtre à l'attirer ! Ce n'est pas le seul paradoxe de l'auteur de *Justine* : ses pièces, contrairement à ses romans, sont pétries de bons sentiments et totalement dépourvues du moindre érotisme, ce qui désespère ses plus fervents admirateurs.

Depuis sa jeunesse à Louis-le-Grand, où il montait sur scène avec délice lors de la remise des prix, jusqu'à l'hospice de Charenton, Sade a donc toujours été un « théâtreux », comme on dit aujourd'hui, persuadé, comme ses contemporains, que ce qui se démontre se montre et que, par là même, « c'est sur scène que le monde s'enseigne ». Au reste, n'oublions pas que, pour la société de son temps, le théâtre est le seul lieu où, tout à la fois, on joue la comédie et la tragédie, et où on peut exposer ses idées, y compris devant ceux qui ne savent ni lire ni écrire. Le théâtre constitue la synthèse de toute la sociabilité des Lumières, le paradigme absolu, aussi, où l'on trouve les femmes faciles dont on fait les maîtresses, ces comédiennes dont raffolent les hommes de condition comme Donatien, qui, jeune, les conduisait à La Coste et, vieux, les invitait à souper à Charenton.

Ce qu'il a aimé par-dessus tout, c'est monter sur scène et être applaudi comme auteur, comme acteur.

Sade a très sincèrement pensé, sous la Révolution, devenir célèbre par ses pièces. Il a sans doute été mortifié par leur échec. Charenton a donc constitué la revanche d'un homme qui, probablement parce qu'il eut, toute sa vie, d'énormes vides affectifs, a toujours désespérément recherché les applaudissements. Un homme, enfin, qui n'a jamais été véritablement lui-même que sous les feux de la rampe, parce qu'il a toujours su que la vie n'est qu'une illusion. Au reste, ne confesse-t-il pas, dans ses carnets rédigés à la fin de sa vie, alors qu'il réfléchissait sur le bilan de son existence, cet aveu si révélateur : « Les entractes de ma vie ont été trop longs. »

4

MILITAIRE À QUINZE ANS

> « Il est assurément peu des plus mauvaises écoles que celles des garnisons, peu où un jeune homme corrompe plus tôt et son ton et ses mœurs. »
>
> Sade

À Versailles, en ce printemps de l'année 1755, sous le franc soleil du mois de mai, alors que, dans le lointain, la généreuse végétation entoure le château comme un écrin, les fifres et les tambourins sonnent à tous vents indiquant que la parade peut commencer. Bannières et oriflammes au vent, les troupes se mettent, en effet, en action, les fantassins à pied, les cavaliers au trot français, vulgairement appelé tape-cul. Tout se déroule dans un mouvement d'ordonnance parfait – mieux qu'à l'Opéra ! – montrant que l'armée de Sa Majesté le Roi Très Chrétien est aussi organisée que puissante.

Et justement, Sa Majesté est là, présente sur une haute estrade tendue de soie fleurdelisée, puisque c'est devant elle que, un à un, les régiments défilent. Vêtu d'un somptueux habit brodé de diamants, l'épée au côté, le chapeau à plumes sur la tête, Louis XV montre ainsi qu'il n'est pas seulement le premier gentilhomme du royaume, mais encore le chef d'un

État fortement militarisé, qui en impose à l'Europe, et qui, de son lever à son coucher, vit au rythme de l'armée défendant son palais, sa capitale et son royaume. C'est ce que constatent les émissaires des cours étrangères, disposés derrière lui, les seigneurs composant sa maison et les maréchaux de camp de son état-major chargés de défendre ce que son arrière-grand-père Louis XIV avait appelé le « pré carré ».

En tête des régiments, les officiers saluent le roi, qui leur rend son bonjour. À son approche, tous les hommes défilant tournent leur tête dans sa direction pour symboliser qu'ils sont prêts à verser pour lui ce qu'on appelle l'impôt du sang, y compris jusqu'à la mort. C'est ce que fait, comme les autres, un jeune cavalier de 15 ans, dans l'uniforme de son école – culotte blanche, veste écarlate barrée de brandebourgs d'or, tricorne noir galonné d'or, surmonté d'un plumet blanc –, tentant, ce jour-là, de montrer la meilleure figure à son souverain. Ce jeune homme, que son père admire parmi les spectateurs de ce qu'on n'appelle pas encore un défilé mais une parade, c'est Donatien de Sade, admis depuis la fin de l'année précédente en qualité d'élève à l'École préparatoire de cavalerie, elle-même dépendante du régiment des Chevau-Légers de la garde du roi, en garnison à Versailles. Un corps d'élite, certes, mais surtout une institution dans laquelle ne peuvent entrer que les rejetons de la noblesse la plus ancienne, certificats à l'appui, fournis, pour ce qui le concerne, par son oncle l'abbé, l'archiviste de sa prestigieuse lignée.

Tout au long des trois années qu'il passe à Versailles, ses maîtres n'ont qu'à se louer de cet excellent sujet, qui promet de devenir un officier de valeur, et dont la hiérarchie fait bientôt un cornette – entendons, au sens actuel, un sous-lieutenant – du corps des carabiniers commandés, certes pour la forme, par le propre petit-fils du roi, le comte de Provence, ce gros balourd qui deviendra le roi Louis XVIII sous le règne duquel, un demi-siècle plus tard, mourra le marquis de Sade, clin d'œil ultime de l'histoire. La vie de garnison du jeune homme n'est cependant pas celle d'une opérette, même au temps de la « guerre en dentelles ». Donatien, qui n'est pas Fanfan la Tulipe, l'apprend justement alors que son régiment est appelé au front de cet interminable conflit opposant la France à ses voisins européens et que l'histoire a retenu sous le nom de guerre de Sept Ans. Au feu donc, et dans la joie, à l'image de ce mot fameux de Turenne, que les gentilshommes ont fait depuis longtemps leur : « Messieurs, arrimez vos chapeaux, nous allons charger. »

De Versailles, il passe ainsi à Strasbourg et de là directement au combat de Krefeld, sur la rive gauche du Rhin, où le comte de Clermont, frère cadet du duc de Bourbon – encore un Condé ! – est attaqué par Brunswick. C'est son baptême du feu. Il s'y conduit fort bien, même si la bataille est bientôt perdue et qu'il faut reculer. Quatre mois plus tard, le jeune homme est élevé au grade de capitaine, nomination honorifique qui ne lui donne pas un commandement précis, puisqu'il n'y a pas de compagnie disponible à ce moment, mais qui montre sa valeur. Il faut attendre, en fait, le printemps de l'année suivante pour qu'une place se libère, dans le régiment Bourgogne-Cavalerie, après que son père eut tout de même déboursé 13 000 livres. Les charges militaires comme civiles ou judiciaires sont toujours achetées sous l'Ancien Régime.

Reste que, comme tant d'autres, il a vécu l'épreuve de la guerre. Celle-ci l'a-t-elle marqué ? Il semblerait que oui. Aurait-il fait carrière dans l'armée ? La discipline n'est guère son fort. Va-t-il s'inspirer de la violence du champ de bataille dans son œuvre future ? Même pas, puisque la sienne procède d'une autre logique. Le temps passé sous les drapeaux ne constitue dans sa vie qu'une parenthèse, à laquelle, cependant, il fait allusion dans *Aline et Valcour*, lorsqu'il fait dire à son héros : « Les campagnes s'ouvrirent et j'ose assurer que je les fis bien. Cette impétuosité naturelle de mon caractère, cette âme de feu que j'avais reçue de la nature ne prêtait qu'un plus grand degré de force et d'activité à cette vertu féroce qu'on appelle courage et qu'on regarde bien à tort, sans doute, comme la seule qui soit nécessaire à notre état. »

Si sa conduite est appréciée, sa vie privée l'est moins, d'où cette remarque en demi-teinte, formulée par ses chefs, alors qu'il continue de servir en Allemagne : « Fort dérangé mais fort brave. » Courageux sur le champ de bataille, ses mœurs ne semblent pas irréprochables en dehors de celui-ci.

Très vite, en effet, il est attiré par les tables de jeu, les bordels et les théâtres. Lorsqu'il est en permission, il se tient très mal, apparaissant, dès ses 20 ans révolus, comme un débauché, un « roué », dit-on à l'époque, c'est-à-dire bon pour le supplice de la roue. Faut-il s'en offusquer ? Sans doute pas, puisqu'il est loin d'être le seul de sa caste ou de son âge à se comporter ainsi. Mais en fait-il un peu plus que les autres ? Là est la question. Elle va bientôt se poser, aux siens d'abord, au monde ensuite. La guerre se termine avec la signature du traité de Paris, le 10 février 1763. Sade est renvoyé à son oisiveté. Il en profite pour multiplier les aventures tout en faisant des dettes. Je dois m'attendre à *tout*, se lamente son père, « je ne connais personne de si mal né ! »

Une seule solution pour Jean-Baptiste de Sade : lui trouver au plus tôt une épouse qui, non seulement l'empêchera de commettre, selon lui, toutes sortes de sottises, mais encore, par sa dot, le servira dans le monde. Grâce à elle, il pourra faire carrière dans l'un des domaines où l'ancienneté de sa maison lui permettra d'espérer un beau poste, l'armée ou la diplomatie. Le comte se met donc en chasse, allant même jusqu'à solliciter la main d'une demoiselle vaguement parente du ministre Choiseul. C'est tout de même viser un peu haut, comme on lui fait bientôt savoir en haut lieu. Éliminant les candidates les unes après les autres, soit parce qu'elles ne sont pas assez riches, soit parce que certains bruits sur les dissipations de son fils sont remontés jusqu'aux autres, Jean-Baptiste de Sade finit par renoncer à la noblesse d'épée. Il cherche désormais dans la noblesse de robe, d'origine moins illustre mais souvent beaucoup plus riche. La perspective de s'allier à une aussi ancienne famille que la sienne lèvera tous les obstacles.

La perle rare est enfin trouvée. Elle se nomme Renée-Pélagie Cordier de Montreuil. Elle est la fille de Claude-René Cordier de Launay, seigneur de Montreuil, président à la Cour des Aides, et de Marie-Madeleine Masson de Plissay, issue, elle, d'un lignage de financiers. Si leur noblesse ne remonte qu'à Louis XIV, leur fortune est très supérieure à celle des Sade et leur train de vie, entre leur hôtel parisien de la rue Neuve-des-Petits-Champs (notre actuelle rue Cambon) et leur château d'Échauffour, en Normandie (aujourd'hui dans l'Orne), très convenable. Sans compter qu'ils possèdent d'autres terres, comme la seigneurie de Vallery, en Bourgogne, avec un autre château, construit au XVIe siècle par Pierre Lescot (aujourd'hui dans l'Yonne).

Une rude négociation débute entre le comte de Sade et la présidente de Montreuil, elle-même fille d'un secrétaire du roi. Dans le ménage, c'est elle qui porte la culotte. Après bien des pourparlers, les Cordier de Montreuil s'engagent à loger et à nourrir le jeune ménage pendant cinq ans le mettant, en principe, à l'abri du besoin pour longtemps en assurant à leur fille une dot de 300 000 livres.

De son côté, à l'exception de son titre, Donatien n'apporte pas grand-chose, sinon la promesse de son père de résilier en sa faveur sa charge de lieutenant général des provinces de Bresse et la perspective d'hériter des seigneuries de La Coste, Mazan et Saumane, dont il n'a, pour l'instant, que la nue-propriété, son père s'en réservant les revenus. Avec leurs quelques vignes, moutons et oliviers, celles-ci, cependant, ne rapportent guère en cette seconde moitié du XVIIIe siècle où la Provence de l'intérieur ne fascine guère, beaucoup moins en tout cas que les riches terres de Normandie, Beauce, Brie ou Bourgogne. Sade, qui aimera avec passion cette province lointaine, pour laquelle Paris n'a que mépris, même si Louis XV a donné à l'un de ses petits-fils le titre de comte de Provence, sera une exception en son temps. Ne dit-on pas en effet alors, que le curé de Saint-Sulpice, au cœur de la capitale, gagne cent fois plus que l'évêque de Fréjus ?

Naturellement, selon l'esprit du temps, c'est un mariage arrangé, dans lequel chacun cherche son intérêt. Les Montreuil font entrer leur fille dans la vieille noblesse ; les Sade épousent une dot – et occasionnellement un ventre – puisque la jeune femme, avec sa petite taille, son nez un peu gros, son front bas et ses yeux gris, n'est guère séduisante, même si elle ne manque pas d'esprit. Jean-Baptiste eût-il trouvé meilleur parti pour son fils ? Sans doute pas, en raison du libertinage de ce dernier, à présent connu de tous, et aussi du nombre de ses dettes. Au reste, il l'écrit lui-même à son frère l'abbé : « Tous les autres mariages ont rompu sur sa mauvaise réputation. »

Chacun est donc content, sans réfléchir à cette évidence, pourtant constatée par tous : comme presque toujours dans les mariages arrangés, c'est un marché de dupes qui est en train de se conclure. Sans compter que le promis est, à cette époque, non seulement fou amoureux de Mademoiselle de Lauris qui veut bien coucher avec lui – mais pas l'épouser –, mais encore victime d'une mauvaise vérole qu'il tente de soigner en Avignon. C'est justement ce que sa tendre amie vient de lui « offrir », provoquant les cris de la famille de Sade priant tous les saints que les Montreuil n'apprennent pas ce nouveau coup du sort ! Le jeune écervelé ne s'intéresse donc nullement à sa promise : il n'a d'yeux que pour Mademoiselle de Lauris, malgré le fâcheux *cadeau* qu'elle vient de lui faire. Fort heureusement, celle-ci rompt bientôt, ce qui lui vaut de recevoir cette lettre, dans laquelle son amant laisse libre cours à son dépit : « Parjure ! Ingrate ! Que sont devenus ces sentiments de m'aimer toute la vie ? Qui t'oblige à rompre de toi-même les nœuds qui, pour jamais, allaient nous unir ?... Fourbe ! Ingrate ! Tu craignais de t'unir à un être qui t'adorait... Prends garde à l'inconstance ; je ne la mérite pas ! »

Espérant jusqu'au bout que sa belle change d'avis, il n'accepte, malgré les injonctions réitérées de son père, que de très mauvaise grâce de remonter à Paris pour se marier. Pire même, il trouve le moyen de n'arriver dans la capitale que l'avant-veille de la cérémonie, ce qui lui vaut de manquer ce moment – pourtant important – où le roi Louis XV, le 1er mai 1763, et avec lui le Dauphin et la Dauphine, signent son contrat de mariage, et celui où la future marquise de Sade – plus important encore ! – est présentée à la Cour, effectuant, du mieux qu'elle peut, ses trois révérences à la reine. Cette fois, c'est gagné, se disent les Cordier de Montreuil, enfin passés à un stade supérieur, parachevant leur évolution sociale depuis un siècle.

Dans son ample robe à panier, devant ses parents et son beau-père, tentant de dissimuler le plus possible l'embarras de sa timidité, la mariée savoure-t-elle ce petit triomphe ? Ce sera, malgré l'amour qu'elle éprouvera longtemps pour son mari, le premier et le dernier d'une vie de tristesse, de solitude et d'outrages en tous genres, dont personne ne se doute encore. Pas même sa mère, qui écrit alors à l'abbé de Sade, certes dans le style de l'époque, cette extraordinaire lettre, dont on peut citer cet extrait : « On ne peut être, Monsieur, plus sensiblement touché que je le suis de toutes les marques de satisfaction que vous avez la bonté de me donner de l'alliance que nous avons l'honneur de contracter avec vous. J'en suis très flattée, très contente de toute façon. Monsieur votre neveu me paraît on ne peut plus aimable et plus désirable pour gendre par l'air de raison, de douceur et de bonne éducation que vos soins paraissent avoir formé en lui. »

On ne saurait mieux dire sous la plume de celle qui, dans quelques années, deviendra la pire ennemie du marquis de Sade et n'aura de cesse de le voir enfermé à jamais dans le cachot le plus profond du royaume. Pour l'instant, aveuglée par l'éclat d'une alliance avec l'une des plus vieilles familles de Provence, elle est incapable de voir de quel bois est fait celui dans le lit duquel elle jette sa fille, sans état d'âme d'aucune sorte. Les mœurs sont en effet ainsi faites que ce sont toujours les parents qui décident, sans tenir compte des inclinaisons de leurs enfants, persuadés, comme ils l'ont éprouvé eux-mêmes, de la véracité de ce principe, édicté avec ironie par Molière, « l'amour est un fruit du mariage » et non pas l'inverse !

Mots Sade pour un auteur d'aphorismes : « Sodome au château : le comte à rebours ».

En introduction… au sujet de la sodomie, Philippe Chaboud lance un jour cet aphorisme : « Sodome au château : le Comte à rebours ». Dans *Juliette*, Saint-Fond déclare : « La sodomie est générale par toute la terre ; il n'est pas un seul peuple qui ne s'y livre ; pas un grand homme qui n'y soit adonné. Le saphisme y règne également. Cette passion est dans la Nature comme l'autre. » Dans son *Livre de Sade, le divin marquis en 100 leçons essentielles*, Alice Deparis fait elle cette juste remarque à propos de l'homosexualité : « À l'époque de Sade, la sodomie seule n'était plus punie par la mort depuis quarante ans. Lui-même a subi cette accusation laquelle, associée à d'autres – administration d'aphrodisiaques à ses partenaires sexuelles – lui a valu une condamnation à mort par contumace… Selon le dogme de Sade, rien n'est affreux en libertinage puisque c'est la nature qui l'inspire. » Il en parle à sa femme : « Il faut plaindre ceux qui ont des goûts singuliers, mais ne jamais les condamner. Les mœurs ne dépendent pas de nous. Nous ne sommes pas plus responsables de naître avec des goûts bizarres que de venir au monde bancals ou bien faits. » Et il ajoute, jouant avec délice le jeu de l'inversion des sexes : « Il est si doux de changer de sexe, si délicieux de contrefaire la putain, de se livrer à un homme qui nous traite comme une femme, d'appeler cet homme son amant, de s'avouer sa maîtresse. » Le Marquis pose la question d'une façon très directe : « Ô mes amis, peut-il être une extravagance pareille à celle d'imaginer qu'un homme doit être un monstre digne de perdre la vie parce qu'il a préféré dans sa jouissance le trou d'un cul à celui d'un con, parce qu'un jeune homme avec lequel il trouve deux plaisirs, celui d'être à la fois amant et maîtresse, lui a paru préférable à une fille, qui ne lui promet qu'une jouissance ! »

Sodomie mode d'emploi selon Sade : « Évidemment, il faut soigner les préliminaires : le paillard, après s'être amusé de la perspective du beau cul que l'on présente, après l'avoir claqué, manié, quelquefois même fouetté, pincé, mordu, humecte de sa bouche le trou mignon qu'il va perforer, et prépare l'introduction avec le bout de sa langue ; il mouille de même son engin avec de la salive ou de la pommade et le présente doucement au trou qu'il veut percer ; il le conduit d'une main, de l'autre il écarte les fesses de sa jouissance. Quant à l'action proprement dite, on doit y aller franchement : dès qu'il sent son membre pénétrer, il faut qu'il pousse avec ardeur, en prenant bien garde de perdre du terrain. Sans aucun égard des douleurs qui vont bientôt se changer en plaisirs, le fouteur doit pousser son vit par gradation, jusqu'à ce qu'il ait enfin atteint le but, c'est-à-dire jusqu'à ce que le poil de son engin frotte exactement les bords de l'anus de l'objet qu'il encule. Qu'il poursuive alors sa route avec rapidité, toutes les épines sont cueillies ; il ne reste plus que des roses. Pour achever de métamorphoser en plaisir les restes de douleur que son objet éprouve encore, si c'est un jeune garçon, qu'il lui saisisse le vit et le branle ; qu'il chatouille le clitoris si c'est une fille. »

Mais le marquis a aussi à cœur de nous dire – dans les détails – comment rendre une femme parfaitement heureuse : « Ceux qui se mêlent de branler des femmes ne sont pas assez convaincus de l'extrême besoin qu'elles ont alors de faire pénétrer le plaisir absolument par tous leurs pores.

> Celui qui veut leur procurer une voluptueuse émission doit donc nécessairement s'arranger pour avoir la langue dans leur bouche, pour branler les tétons, avoir un doigt dans le vagin, un au clitoris, et l'autre au trou du cul. Qu'il ne se flatte pas d'atteindre son but s'il néglige une seule de ces circonstances, voilà d'où vient qu'il faut être au moins trois pour plonger véritablement une femme dans l'ivresse. »

5

UN JEUNE MARIÉ LIVRÉ À LUI-MÊME

« Le mariage est un pacte mercenaire et vil, un trafic honteux de fortunes et de noms qui n'enchaînant que les personnes, laissent les cœurs à tout le désordre du désespoir et du dépit. »

Sade

Le 17 mai 1763, à Paris, une brillante société se presse dans la nef de Sainte-Madeleine de la Ville-l'Évêque. L'église est située dans le prolongement de cet espace encore imprécis délimitant la fin du jardin des Tuileries et les Champs-Élysées, qui deviendra neuf ans plus tard la place Louis-XV, appelée ainsi en raison de la statue du roi par Bouchardon qu'on y érigera. C'est aujourd'hui la place de la Concorde. Orientée un peu plus à l'est, l'église est fréquentée par les habitants du quartier Saint-Honoré en plein développement, depuis que la haute société a quitté le quartier du Marais, où elle résidait encore lors du règne précédent, et fait construire les nouveaux hôtels et tracer de nouvelles artères pour les desservir. Le plus beau est déjà l'hôtel d'Évreux, édifié par le financier Crozat et depuis propriété de la marquise de Pompadour, l'actuel palais de l'Élysée. Ne cherchons plus cette église dans Paris : elle sera détruite plus tard pour laisser place à une nouvelle, tardivement achevée, que tout le monde connaît, l'actuelle église de la Madeleine.

Sous sa voûte de facture classique, les messieurs emperruqués et les dames, arborant leurs plus beaux atours, se saluent respectueusement, tout en se jaugeant. La vieille noblesse de province considère d'un peu haut la noblesse de robe parisienne, certes beaucoup plus riche, mais d'origine moins ancienne. C'est le lot des mariages du temps, et celui-ci ne fait pas exception à la règle. Entourant le marié, dont chacun loue la bonne mine, avec sa taille svelte, son bel habit écarlate, sa perruque impeccablement poudrée, ses beaux yeux bleus et son épée d'officier, la famille de Sade fait bloc. Elle rassemble, entre autres, le comte Jean-Baptiste et son épouse qui, pour une fois, a consenti à quitter son couvent, son frère, l'abbé de Saumane, et quelques parents venus de Provence pour l'occasion ou, pour certains, de la Cour elle-même, en particulier le duc d'Ancezune, cousin de Jean-Baptiste.

Toute rougissante et intimidée, la mariée tente d'offrir la meilleure figure dans sa robe de soie mordorée, piquée de diamants, décolletée jusqu'à la pointe des seins comme le veut la mode, sa coiffe ornée de pierres précieuses, sa fraîcheur compensant un physique sinon ingrat, du moins mal dessiné, qui, peut-être, explique qu'aucun portrait d'elle ne nous soit parvenu. La famille de Montreuil semble vouloir la protéger, poussant ses membres les plus illustres – en particulier l'ancien Grand Maître des Eaux et Forêts, Mason – près du maître-autel où officie le curé, en rochet de dentelles précieuses, avant de la livrer à celui qui l'observe en souriant énigmatiquement, songeant peut-être à ce qu'elle lui inspire ou non. Ainsi Donatien Alphonse François de Sade lie-t-il en 1763 son destin à celui de Renée-Pélagie de Montreuil, pour le meilleur, croit-on, et – personne ne s'en doute à cette heure ! – pour le pire, avant de s'en aller présider le grand banquet offert, tout près de là, dans l'hôtel du président de Montreuil, rue Neuve-du-Luxembourg. Le premier étage est réservé aux jeunes époux qui, dans quelques heures, vont coucher dans le même lit pour une nuit de noces dont on ne sait rien, sauf que le marié a déjà infiniment plus d'expérience que la petite oie blanche qu'il vient d'épouser et à laquelle il entend bien imposer tous les caprices que son exigeante sexualité lui inspire, en particulier son goût si prononcé pour la sodomie.

Seule la nouvelle Madame de Sade saura bientôt à quoi s'en tenir sur les étranges goûts de son mari. Elle n'en fera confidence à personne, sauf, peut-être, à son confesseur. De la fenêtre de leur chambre, ils peuvent d'ailleurs apercevoir le couvent de la Conception, où siège aujourd'hui la Cour des comptes. Or, justement, l'église du couvent a été surmontée d'un dôme tellement important par rapport à ses proportions qu'un plaisant l'a surnommé *le sot dôme*. Donatien le sait-il ? Nul doute que ce mot l'eût amusé ! Pour l'instant, en tout cas, tout semble au beau fixe. Les mariés ont l'air de s'accommoder, ce dont la présidente de Montreuil entretient l'abbé de Saumane dans leurs correspondances. Jean-Baptiste de Sade a d'ailleurs lui aussi l'occasion de le constater lors de ses nombreuses visites.

Certes, la belle-mère et le gendre s'adressent souvent de petites piques, mais ils se réconcilient assez vite. La présidente prend même le parti de son gendre lorsque celui-ci se plaint que son père se réserve tous les profits de sa charge et de ses terres, ne lui laissant rien. Quand on ne réside pas à Paris, on s'en va chercher le bon air au château d'Échauffour, en Normandie ou à celui de Vallery, en Bourgogne. On y passe son temps, comme la noblesse de l'époque, à chasser, banqueter, s'assembler autour d'une table de jeu ou faire de l'esprit au salon, exercice dans lequel le marquis de Sade et son encore jeune belle-mère excellent, tout en se jaugeant à la veille des grands combats qui vont bientôt les opposer.

Tout va-t-il « pour le mieux dans le meilleur des mondes », comme l'écrit Voltaire dans son *Candide*, qui ne ressemble en rien à Donatien ? Sans doute, bien que, très rapidement, le jeune marié ne tarde pas à reprendre ses habitudes de dissipation, estimant qu'il n'a nullement obligation d'être fidèle à son épouse, ainsi qu'il l'écrit lui-même, en parfait « macho », comme on dirait aujourd'hui ! « Malheur à la femme qui s'aviserait d'être jalouse de son mari ! Qu'elle se contente de ce qu'il lui donne, si elle l'aime ; mais qu'elle n'essaie pas de le contraindre. Non seulement elle n'y réussirait pas, mais encore s'en ferait bientôt détester. » Le mariage, pour lui – et c'est aussi le cas de la plupart des jeunes gens de son milieu – est avant tout une libération du milieu familial, une émancipation dans l'indépendance financière, d'autant que c'est le prix qu'il donne à cette alliance dans un milieu inférieur au sien. Au reste, nul ne lui demande d'être fidèle, pourvu qu'il soit discret. Or il ne l'est pas, dans ce Paris qui, pour être la plus grande ville de France, n'en est pas moins un village où tout se sait, surtout la nuit, même si les débauchés pensent, comme le Régent naguère, que « tous les chats y sont gris ».

Pour ses plaisirs, il prend pourtant quelques précautions élémentaires, comme celle de louer une petite maison, rue Mouffetard, à Paris, un appartement à Versailles et une autre petite maison à Arcueil. Il empêche ainsi ses proies, conduites et reconduites en voiture fermée, de reconnaître les lieux où il leur inflige les sévices qui excitent sa libido. Il va sans dire que le tout est payé par la dot de sa femme.

Le 18 octobre suivant son mariage, c'est justement rue

Mouffetard qu'il entraîne Jeanne Testard, jeune ouvrière se livrant parfois à des parties galantes pour améliorer son ordinaire, avec promesse de lui donner deux louis d'or. Celle-ci, qui croit à une simple nuit de débauche, tombe de haut lorsqu'elle se voit enfermée pour être témoin des blasphèmes proférés par Donatien qui, tout en criant que Dieu n'existe pas, que la Vierge Marie n'est qu'une putain et Jésus-Christ un jean-foutre, introduit des hosties dans ses parties intimes, se masturbe – on dit alors « se manuélise » –, jouit dans un calice, tout en finissant par cet avertissement : « Si tu es Dieu, venge-toi ! »

Contrainte ensuite de le suivre dans une autre pièce, dont les murs sont décorés d'images religieuses ou obscènes, elle doit le fouetter puis profaner un crucifix en vidant sur lui le produit d'un lavement qu'il lui administre, et, *in fine*, après avoir été déshabillée de force et sodomisée par lui, avant d'être libérée le lendemain matin. Est-il coutumier de ce genre de parties ? C'est probable. Mais cette fois, Jeanne Testard décide de ne pas en rester là. Elle se précipite dans les bureaux du lieutenant de police pour dénoncer ce client si différent des autres qui, non seulement est un débauché, mais surtout un monstre d'impiété. Il convient de rappeler, en effet, qu'à cette époque, la liberté religieuse n'existe pas – le chevalier de La Barre sera décapité pour avoir refusé de se découvrir devant une procession ! De plus, la sodomie est un crime, passible de la peine de mort, même si cette condamnation est de moins en moins appliquée avec l'évolution des mœurs.

La plainte suit donc son cours. Elle monte même aux oreilles de Louis XV, toujours friand d'anecdotes graveleuses. Le Roi Très Chrétien, s'il est plutôt ouvert aux débauches du sexe et lui-même loin d'être exemplaire, ne peut cependant tolérer qu'on bafoue la religion. Il donne donc l'ordre d'arrêter le coupable. Le 9 octobre, les exempts du lieutenant général de police se présentent rue Neuve-du-Luxembourg pour saisir Monsieur le Marquis et le conduire, *manu militari*, au donjon de Vincennes, où on l'enferme à triple tour. « Petite maison louée, meubles pris à crédit, débauche outrée qu'on allait y faire froidement, tout seul, impiété horrible dont les filles ont cru être obligées de faire leur déposition », écrit alors, horrifié, Jean-Baptiste de Sade à son frère l'abbé, tout en ameutant le ban et l'arrière-ban pour faire libérer son fils, aidé en cette tâche par les Montreuil, malgré la gravité des faits constatés.

Quatre mois après la célébration de son mariage, le marquis de Sade, âgé de 23 ans – et alors que sa femme est enceinte de leur premier enfant ! – est donc compromis dans une première affaire. Y sont déjà réunis tous les ingrédients *sadiens*, à savoir l'enfermement, le blasphème, la flagellation et la sodomie, qui seront les thèmes récurrents, d'abord de ses actes, puis de ses écrits. Il a beau protester, nier, demander pardon au lieutenant général de police, « à genoux, les larmes dans les yeux », Sade est déjà Sade, et il le sait. Au double sens de ce terme à l'époque, il est alors considéré comme un véritable libertin, c'est-à-dire débauché et athée, le second étant naturellement plus grave que le premier !

Certains auteurs ont suggéré qu'avec son joli minois et ses beaux yeux, il aurait été initié à ce qu'on appelait alors « le vice italien », c'est-à-dire l'homosexualité, par les jésuites eux-mêmes, ainsi qu'à son complément, la sodomie, au collège Louis-le-Grand. Nulle preuve ne permet de l'affirmer. Les châtiments corporels, en particulier le fouet, donné à profusion à chaque incartade, ont-ils eux aussi excité son imagination, une fois sa puberté terminée ? On ne sait, mais il est vrai que sodomie et fouet vont demeurer ses principaux fantasmes, sa vie durant. Cette double appétence, au demeurant parfaitement assumée, lui inspirera nombre de pages, parmi les plus caractéristiques de son œuvre à naître, comme celle-ci, tirée de *La Philosophie dans le boudoir* : « Ô mes amis, peut-il être une extravagance pareille à celle d'imaginer qu'un homme doit être un monstre digne de perdre la vie parce qu'il a préféré dans sa jouissance le trou d'un cul à celui d'un con, parce qu'un jeune homme avec lequel il trouve deux plaisirs, celui d'être à la fois amant et maîtresse, lui a paru préférable à une fille, qui ne lui promet qu'une jouissance ! »

Pour cette fois, cependant, compte tenu des quartiers de noblesse de l'intéressé, le roi accepte de fermer les yeux. Il se contente d'exiler ce mauvais sujet au château d'Échauffour, dans sa belle-famille, où il est assigné jusqu'au moment où autorisation lui sera faite de revenir à Paris. Il y passe l'automne, l'hiver et le printemps, se tenant coi. Pour se distraire, il monte des pièces de théâtre, ce qui va devenir, après le sexe, la passion de sa vie. Au printemps de l'année 1764, il reçoit – quoique donné « avec beaucoup de peine » – le pardon du roi et retourne à Paris. Pour faire oublier cette mauvaise affaire, son père résigne en sa faveur sa charge de lieutenant général aux provinces de Bresse, Bugey, Valromey et Gex. À cet effet, le 26 juin, il s'en va prononcer son discours de réception à Dijon, ce qu'il fait très sérieusement.

Ses vieux démons sont-ils enfin derrière lui ? C'est ce que chacun souhaite, croit ou feint de croire. En fait, il n'en est rien, puisque sa charge de lieutenant général ne l'empêche pas d'entretenir des liaisons plus ou moins suivies, dès son retour à Paris, avec quelques filles galantes, parmi lesquelles Mesdemoiselles Clet, Dorville, Leclair, Beaupré et surtout la très belle Mademoiselle Beauvoisin – ancienne maîtresse du comte du Barry, le mari de la nouvelle favorite du roi ! Il a d'ailleurs le front d'amener cette dernière au château de La Coste où il décide de se rendre au printemps de l'année 1765, n'hésitant pas à la faire passer pour son épouse légitime. Ils y sont accueillis par les villageois, ayant à cette occasion préparé une fête rustique, où les jeunes Provençaux, portant un agneau dans leurs bras, récitent le compliment d'usage à leur seigneur :

Nouoste marquis esposo
Una jouina Beaouta
Couci couça
Yeleissa
Anen lou felicita…

Cette situation indigne non seulement l'abbé de Sade, présent ce jour-là, mais encore, informée par lui, sa tante, l'abbesse de Saint-Benoît de Cavaillon, estimant de son devoir de lui faire la morale. Avec une impertinence consommée, Donatien lui répond : « Vos reproches sont peu ménagés, ma chère tante. À vous parler vrai, je ne m'attendais pas à trouver dans la bouche d'une sainte religieuse des termes aussi forts… Quand une de vos tantes, mariée comme moi, vivait ici publiquement avec un amoureux, regardiez-vous déjà La Coste comme un lieu maudit ? Je ne fais pas plus de mal qu'elle. Quant à celui de qui vous tenez ce que vous me dites [entendons l'abbé de Sade], tout prêtre qu'il est, il a toujours un couple de gueuses chez lui. Excusez, je me sers des mêmes termes que vous ; est-ce un sérail que son château ? Non, c'est mieux, un bordel. »

Au mois d'août de la même année, il s'en retourne à Paris avec sa maîtresse, avant de retrouver sa femme au château d'Échauffour, en Normandie. Dans les années qui suivent, il effectue plusieurs allers-retours entre cette Provence où il se plaît tant, en particulier La Coste, dont il entreprend la restauration, et Paris, où sa femme l'attend. Le 27 août 1767, celle qu'il continue à honorer entre deux débauches met au monde, après plusieurs fausses couches, leur premier enfant, Louis-Marie, porté sur les fonts baptismaux par le prince de Condé et sa propre sœur, la princesse de Conti. À défaut de sa vie privée, cette naissance réjouit particulièrement sa grand-mère, la présidente de Montreuil, totalement infatuée de la noblesse de son libertin de gendre, dont elle persiste, pour l'instant du moins, à pardonner les frasques.

Un Sade arrive ; un autre s'en va. Quelques mois avant la naissance de l'enfant, le 24 janvier précédent, Jean-Baptiste de Sade est mort, sans doute inquiet de l'avenir de son fils, mais bien loin de pouvoir imaginer quel tour il prendra et quel sceau il imprimera sur ce nom dont il était si fier. En s'éteignant, le comte de Sade laisse à son fils l'ensemble de ses biens, certes, mais surtout des dettes, que les Montreuil devront payer pour permettre à leur fille – pour son malheur ! – de devenir enfin la dame de La Coste, Mazan et Saumane, ces trois symboles féodaux qui ravissent encore les membres de la noblesse de robe. Contrairement à la tradition, Donatien ne reprend pas le titre de comte. Il demeurera à jamais le marquis de Sade, celui avec lequel il passera à la postérité. Sa femme sera donc la marquise de Sade jusqu'à sa mort. Tous deux seront les derniers à porter ce titre : leur fils cadet redeviendra, après leur mort, le comte de Sade, et après lui ses descendants.

La mort de ce géniteur avec lequel il n'avait plus guère de relations va-t-elle le faire mûrir ? Apparemment non, puisque, le temps du deuil passé, il reprend le chemin de ses débauches. Cette fois, il a tort. Si sa liberté de vie, en Provence, pouvait passer pour confidentielle, tel n'est pas le cas sur les rives de la Seine où ses mauvaises habitudes sont connues, comme ce jour où il bat un cocher et refusé de le payer. Entretient-il, à Arcueil, quatre prostituées à demeure, comme le disent ses voisins ? Satisfait-il plus ou moins quotidiennement ses irrésistibles pulsions de violence ? C'est possible, mais désormais, l'inspecteur Marais l'a particulièrement à l'œil, persuadé qu'un jour ou l'autre, il recommencera ses frasques. Il annonce, prophétique : « On ne tardera pas à entendre parler encore des horreurs du comte de Sade. » Ce zélé serviteur du roi, qui connaît les bas-fonds de Paris comme sa poche, sera le Javert du marquis de Sade.

Duel de la plume et de l'épée : si Napoléon a lu le marquis de Sade, Donatien ne sait pas que le jeune Bonaparte est aussi un auteur…

Donatien de Sade et Napoléon Bonaparte. Tous deux sont entrés très jeunes dans l'armée, tous deux ont d'abord tenu l'épée avant de se saisir de la plume. Et pourquoi tant de haine de la part du second à l'égard du premier ? Bonaparte écrivait des romans. On pourrait lire vingt fois leurs titres sans deviner jamais que le jeune Napoléon en était l'auteur. *Le Comte d'Essex*, *Le Masque prophète*, *La Nouvelle Corse*, *Le Souper de Beaucaire*, *Clisson et Eugénie*, ce sont bien là les premières œuvres purement littéraires d'un écrivain alors inconnu qui se nommait Bonaparte. Pour lui, de Toulon à Austerlitz le crissement de la plume d'oie sur le papier aura moins d'écho que le son du canon.

Quel est donc ce rapport étrange qui attache le plus souvent les princes à l'écriture ? Le pouvoir donnerait-il goût de posséder tous les pouvoirs, l'ambition d'arracher à la nature tous les dons ? Ou encore s'agit-il de plier si fort le réel à son image qu'on cherche aussi à devenir maître de l'imaginaire ? César déjà rédigeait ses anti-Mémoires sur la guerre des Gaules. Quant à l'empereur Marc Aurèle, ses pensées en finesse, en psychologie, en sens politique, en force et en profondeur, valent largement celles, tant vantées, de Mao Tsé-toung. On pourrait encore citer beaucoup d'exemples de cette attirance éternelle et réciproque de la domination et de la volonté d'écrire. Comme un mariage qui n'en finirait pas. Dans ce domaine contrasté, il y a deux genres. Celui des « chanceux », comme Charles d'Orléans, poète délicat des sentiments, admiré de la cour de France, revenu après une longue détention pour découvrir encore un plus bel amour, et celui des « délirants », qui, comblés par le pouvoir, cherchent à étancher une autre soif à la fontaine des lettres. Citons alors Frédéric II voulant égaler Voltaire, ou Richelieu s'essayant à l'écriture d'une pièce de théâtre intitulée « Europe » et taquinant sans succès les Muses.

Les rapports de l'écrit avec la force, de la poésie avec les faits, de la littérature et du pouvoir se compliquent en vérité à plaisir à partir du moment où l'on comprend que la littérature est bien sûr un pouvoir égal à celui des rois. En effet, par un dessein à la fois original et absurde du Créateur, un parchemin ou un volume de papier durent bien plus qu'une vie humaine. Ainsi, ceux qui connaissent le fracas de la gloire cherchent le plus souvent, pour être assurés de leur consécration, à revenir à la ligne. Alfred de Vigny avait eu à ce propos une phrase assez définitive : « Les Princes, à présent, font des livres tant ils sentent que le pouvoir est là. » Ainsi donc de Bonaparte.

Ce dernier, étrangement, ne semble pas avoir retenu l'attention des écrivains, sans doute à cause de cette jalousie ridicule mais inhérente à la condition de ceux qui écrivent en louchant dangereusement vers les plus forts. Comme l'avait judicieusement remarqué Chateaubriand dans les *Mémoires d'outre-tombe*, le petit monde des lettres jalouse l'écriture des grands de la même façon minable qu'affectent les puissants pour censurer les génies : « Nonobstant ces exemples et mille autres, le talent littéraire, bien évidemment le premier de tous parce qu'il n'exclut aucune faculté, sera toujours dans ce pays un obstacle au succès politique : à quoi bon en effet une haute intelligence ? Cela ne sert à quoi que ce soit. Les sots de France, espèce particulière et toute nationale, n'accordent rien aux Grotius, aux Frédéric, aux Bacon... Jamais notre vanité ne reconnaîtra à un homme, même de génie, deux aptitudes, et la faculté de faire aussi bien qu'un esprit commun des choses communes... »

Bonaparte, malgré la boursouflure de son style et le ton emphatique qu'il employait avec délice, n'était pas si mauvais. Il aimait les mélodrames qu'il assortissait toujours d'une trame historique véritable. *Clisson et Eugénie*, écrit en 1795, reflète un état d'âme mélancolique tout à fait attendrissant, d'autant plus attachant qu'il paraît sincère, puisque le tourment intérieur autant que l'émotivité mal maîtrisée y sont demeurés intacts. Ce livre plein de fièvre montre comment, sous le masque du connétable Clisson, Bonaparte eut du mal à renoncer à Désirée Clary, petite-bourgeoise de province absolument exquise, pour se consacrer à son irrésistible ascension dont la première marche fut la carrière militaire. Il s'agissait donc d'un roman autobiographique : Désirée s'appelait dans le roman Eugénie-Désirée et Bonaparte cachait sa fière douleur sous un nom de connétable. C'était touchant, mais ce n'était pas tout. Il y aurait beaucoup plus encore à creuser dans les singularités de tournures de Napoléon et dans sa fantaisie à prononcer les noms et les mots. De nombreux témoins s'en étonnèrent au cours de la vie de l'Empereur. La duchesse d'Abrantès, Bourrienne, Caulaincourt, Montholon, Rœderer et Vicence l'avaient ainsi entendu commettre de ces altérations énormes mais aussi sympathiques qui consistaient notamment, en parlant des arêtes, à se plaindre des *épines* de poisson. Il disait aussi, par analogie, *section* pour cession, *rente voyagère* pour rente viagère. Son côté paternel envers ses soldats lui faisait prononcer *enfanterie* pour infanterie. Ce défaut constant lui permettait même de se moquer de ses amis. Il écrivait volontiers *Colincourt* pour Caulaincourt, *Montesquieu* pour Montesquiou, et *Flaoût* pour Flahaut. Sa correspondance est encombrée d'animaux bizarres du genre *spectaque*, *amuzé*, *Bultin*, *throne*, *entousiasme*, *halumette*, *comerse*, *senté*, *caractaire*, *painible*, etc. À un moment, tellement amoureux de Marie-Louise, il prononçait *prinz* au lieu de prince. Mais qu'on se le dise, les génies, parfois, commencent par massacrer la syntaxe avant de parvenir à la pureté précise et presque froide d'un Benjamin Constant. L'exactitude vient après. Elle est comme ces carrosses solides qu'on voyait tirés par des chevaux fous.

Napoléon Bonaparte, officier à 16 ans, général à 25, consul à 30, empereur à 35, déchu à 45, pourquoi a-t-il voulu punir à tout prix le divin marquis ? Peut-être parce que, sous le Directoire, le Corse a cru que c'était lui l'auteur de ce pamphlet paru à Paris en juillet 1800 et intitulé *Zoloé*, un texte d'une rare violence, dévastateur pour sa réputation, qui avait pour cible Joséphine de Beauharnais. Jean-Paul Brighelli nous précise que c'est par une lettre du Préfet Dubois que Sade a été arrêté et conduit à Sainte Pélagie sur un ordre émanant de Fouché. C'est donc bien le futur Napoléon qui a voulu punir le Marquis de Sade, faisant saisir tous les écrits issus de sa plume. Comme l'évoque si bien Gilbert Lély : « Déjà il y a cent cinquante ans, le goujat à manteau d'abeilles, dont chaque génération s'obstine bassement à déifier les cendres, donnait mission à sa police de rafler les écrits de l'auteur de Justine au fur et à mesure de leur rédaction. Et demain, dans ce bagne à la mesure de la terre dont les puissances du mépris fomentent l'édification, s'écoulerait-il un seul jour avant que s'allumât la flamme pour un définitif et vaste autodafé ? Car il est réservé d'âge en âge à la monstruosité totalitaire, quelque soit le mensonge dont se farde son mufle, de poursuivre d'une haine sans cesse accrue l'aigle libre, le perturbateur des idolâtries, le marquis notre oriflamme, Sade. »

6

L'INCORRIGIBLE JOUISSEUR OU BEAUCOUP DE BRUIT POUR UNE FESSÉE

> « Je ne suis donc coupable que de simple et pur libertinage, et tel qu'il se pratique par tous les hommes, plus ou moins en raison de leur plus ou moins de tempérament ou de penchant à cela qu'ils peuvent avoir reçu de la nature. »
>
> Sade

Le lundi de Pâques de cette année 1768, le 3 avril, une voiture traverse Paris à vive allure. Elle se dirige vers le sud où, passé les barrières, on est déjà à la campagne, surtout ici dans ce paysage de vignes, de moulins et de fermes prospères, à travers ces champs que traverse la Bièvre. Les enfants en guenilles y pêchent des écrevisses et les lavandières y trempent le linge de la semaine, comme dans les tableaux d'Hubert Robert. Les rideaux étant tirés, on ne saurait voir qui, à l'intérieur, presse le cocher d'accélérer pour ralentir au village d'Arcueil, où naguère les Guise avaient un château que fréquenta Voltaire, et dont les Beauvau sont à présent les héritiers, et où les abbés de Saint-Germain-des-Prés avaient une résidence estivale édifiée jadis par le cardinal de Tournon.

La voiture contourne à présent l'aqueduc de Marie de Médicis, qui permet au jardin du Luxembourg d'être desservi en eau. Elle se détourne de l'église, où les paysannes viennent prier la Vierge Marie, laisse derrière elle un groupe de maisonnettes au toit de chaume, puis le collège des Irlandais, avant de stopper sa course. Aussitôt en sortent un jeune homme, à la mise impeccable, et une jeune femme, qui se laisse entraîner dans ce lieu qu'elle découvre sans méfiance.

Ce jeune homme, c'est naturellement Donatien. Il y a une heure, il a levé, place des Victoires, une femme nommée Rose Keller qui sortait de l'église des Petits-Pères où elle était venue entendre la messe. C'est une pauvre fille de 30 ans, déjà veuve d'un pâtissier alsacien, réduite à mendier pour subsister. Après l'avoir accostée, il lui a proposé une place de gouvernante dans sa maison, ce qui pour elle est une aubaine.

Sitôt arrivé à Arcueil, à midi trente, il renvoie le cocher à Paris, et, à pied, traverse avec Rose Keller une partie du village pour arriver devant une élégante demeure, baptisée « l'Aumône » et composée d'un petit corps de logis flanqué de deux pavillons surmontés d'un haut toit, à laquelle on accède par un escalier. Tous deux y pénètrent. Le jeune homme fait visiter les lieux à la pseudo-future gouvernante. À l'étage, il la pousse alors dans une chambre lui intimidant d'attendre. Un long moment plus tard, costumé en garçon boucher, un linge blanc noué autour de la tête, il lui ordonne de se déshabiller entièrement, ce qu'elle refuse. Comme il la menace de son épée, elle finit par s'exécuter. Il la conduit alors dans une autre pièce, où se trouve un lit recouvert d'une étoffe rouge et blanche, et la fouette vigoureusement, avant d'appliquer sur ses plaies un baume destiné à les soigner. L'abandonnant ensuite à son triste sort, il l'enferme et, émoustillé, descend se divertir avec les deux prostituées que son valet et complice, Langlois, est allé quérir entre-temps.

Profitant de ce moment, Rose Keller, qui s'est couverte avec le dessus-de-lit, ouvre la fenêtre et s'enfuit en s'appuyant sur le treillage. Bien qu'elle se blesse à la cheville dans sa chute, elle parvient à quitter les lieux par une brèche dans le mur du jardin, qu'elle avait remarquée en arrivant. Désemparée, elle se réfugie auprès des commères du village auxquelles, entre deux sanglots, elle raconte ses malheurs, bien qu'on ait du mal à la comprendre en raison de son fort accent alsacien. Après l'avoir réconfortée, celles-ci la conduisent chez le notaire greffier du bailliage d'Arcueil, Lambert, qui convoque le lieutenant de la maréchaussée Gersant, la fait examiner par le médecin Le Comte et lui enjoint de porter plainte, ce qu'elle fait aussitôt. Prévenue, la famille de Montreuil en appelle à toutes ses relations, pour finalement donner une forte somme d'argent à la plaignante – 2 500 livres ! – pour interrompre la procédure judiciaire. S'il n'y a pas de suite de ce côté-là, le roi fait néanmoins enfermer le récidiviste au château de Saumur. Cette fois, le scandale est public.

On commence à parler dans le monde de ce curieux marquis de Sade. En témoigne Restif de La Bretonne, qui en rajoute, puisqu'il transforme la scène de flagellation en scène de vivisection, ou encore Madame du Deffand dans une lettre à Walpole, sans compter, à l'étranger, *La Gazette de Hollande* qui racontera toute l'affaire, faisant ainsi entrer Sade dans l'histoire du fait divers où, déjà, certains folliculaires le comparent au trop célèbre Gilles de Rais. « Tant de bruit pour une fessée », se contentera de protester l'intéressé !

Le 23 avril, l'inspecteur Marais est mandaté à Saumur pour informer le prisonnier de son transfert à Pierre-Encise, près de Lyon, forteresse considérée comme plus sûre. Il l'y conduit lui-même, voyageant de conserve avec cet être singulier dont il tente en vain de percer l'âme. Le 10 mai suivant, c'est à la Conciergerie qu'on le ramène. La Chambre criminelle de Paris, qui entre-temps a décidé de reprendre la procédure judiciaire à son encontre, a décidé de l'y entendre. Si l'accusé tente de se défendre en expliquant que la flagellation d'Arcueil n'était en fait qu'une expérience pour vérifier les vertus de son baume, on ne le croit guère. Cependant, grâce aux relations de sa belle-famille, les poursuites sont abandonnées, ce qui n'empêche pas le maintien de la réclusion à Pierre-Encise où on le reconduit et où il demeure jusqu'à son élargissement, le 16 novembre, au terme de sept mois d'emprisonnement.

Libéré, Donatien n'a pas pour autant l'autorisation de revenir à Paris. Il se voit contraint de se retirer sur ses terres de Provence jusqu'à nouvel ordre. Il prend donc la direction de La Coste où il passe une partie de l'année 1769, bénéficiant, au printemps, à la condition de s'y tenir tranquille, d'une autorisation exceptionnelle de se rendre à Paris, d'abord pour soigner ses hémorroïdes, ensuite pour assister sa femme qui, le 27 juin 1769, met au monde leur second fils, Donatien Claude Armand. Quatre mois environ après cet heureux événement, il entreprend un mystérieux voyage aux Pays-Bas. On ne connaît pas exactement le but de ce périple qui le conduit d'abord à Bruxelles, ensuite à Anvers puis à Rotterdam, à Delft, à La Haye et enfin à Amsterdam. Certains ont suggéré qu'il y a procédé à la vente d'un texte érotique rédigé pendant son incarcération – le premier, donc, d'une longue série ! –, d'autres qu'il s'agissait d'un voyage d'agrément.

Quoi qu'il en soit, il revient à Paris, où il passe l'hiver 1769-1770. Il en profite pour se rabibocher avec sa belle-mère et mener, avec son épouse, une vie mondaine. Il envisage même de reprendre sa place dans l'armée, sans se rendre compte que, perdu de réputation, il est en fait « grillé » (comme on dirait aujourd'hui). Le refus qu'on lui oppose est pour lui dur à supporter, quoique libératoire, puisque, au fond de lui-même, il n'a probablement aucune envie de mener à nouveau la rude vie des camps ni de s'astreindre aux rigueurs du service. C'est à cette époque, le 17 avril 1771, que naît son dernier enfant, une fille prénommée Laure-Madeleine. Est-ce la régénération de ce trentenaire qui a essuyé déjà bien des échecs ? Cinq mois plus tard, pourtant, il retourne en prison, mais cette fois pour dettes – et donc au For-l'Évêque. Cette détention, la plus bénigne, est sans conteste aussi la moins déshonorante. Pour s'en sortir, il ne lui reste plus qu'à vendre sa charge de capitaine au régiment de Bourgogne-Cavalerie, ce qui met fin à sa carrière militaire, ainsi qu'à sa vie parisienne.

Après sa libération, en novembre, il repart en effet pour La Coste, avec, cette fois, sa femme et ses trois enfants. Manifestement, il veut s'y faire oublier et mettre une distance entre la justice et lui. Il s'y rend aussi pour montrer que, contrairement aux gens de sa caste, il prend du plaisir à vivre dans un lieu éloigné de tout, qui passerait pour tout autre pour un véritable exil. En agissant ainsi, Donatien, qui ne va jamais à la Cour, ne cherche pas à faire carrière et n'ambitionne aucune grâce du roi. Il affiche son goût de la solitude. Il n'en reste pas moins qu'il est réellement attaché à cette terre tenue par ses ancêtres depuis si longtemps, à la beauté du ciel de Provence et aux saveurs de ses produits que ce gourmand prise particulièrement. Comme preuve, ce mémoire établi par le confiseur Légier, établi en 1772 et mentionnant, parmi les livraisons faites au château, « amandes et pâtes d'amandes, sucre raffiné et cassonade, pralines et azeroles au sucre, coings, chinois, gelées et marmelades, oranges du Portugal et fleurs d'orange, biscuits et vermichelly… ». À La Coste, en effet, il est chez lui, ne dépend de personne et même, peut tout à loisir rêver au temps heureux où les Sade, maîtres du destin des villageois de leurs seigneuries, exerçaient le droit de haute et basse justice. Ce souvenir alimente ses fantasmes.

Derrière les hautes murailles de son château et les futaies de ses jardins, compte-t-il mener désormais une paisible existence de gentilhomme terrien, chassant sur ses chères terres provençales, fréquentant la noblesse locale et élevant ses enfants ? C'est ce que croient sa famille, sa belle-famille et peut-être lui-même, se persuadant que ses obsessions dévorantes appartiennent au passé, alors que, justement, elles veillent et ne vont guère attendre pour se rappeler à son bon souvenir et à celui du monde.

En rimant quelques strophes d'un poème graveleux, Sade préfigure la couleur de la complainte de Verlaine et anticipe déjà le goût citronné des chansons de Gainsbourg.

Historien, écrivain, essayiste, romancier, auteur de théâtre et homme de spectacle, Donatien de Sade a tous les talents. On ne l'imaginait pas poète et encore moins moderne auteur de chansons. Celle-ci est dédiée à la charmante Milli de Rousset, atteinte de la tuberculose :

Je te plains, je te plains,
Il n'est plus pour toi de fin
Qu'en poudre, qu'en poudre,

De plaisir de jouir,
Il faut donc vous dessaisir
Mon âme, mon âme.

Capucin, capucin,
Rencontre au moins une main
Qui branle, qui branle :

Mais ici, quel souci,
Pour tout bien, j'ai, Dieu merci,
La mienne, la mienne.

Venez donc, venez donc
Soulager par votre con
Ma peine, ma peine.

Ma moitié, ma moitié
Me rend nulle pitié
Tantale, Tantale.

Ah quel sort ! Ah quel sort !
Oh par ma foi, c'est trop fort !
J'en crève, j'en crève !

Le sainfoin meurt sans soin
Venez en chercher au moins
La graine, la graine.

Quel martyre ! Quel martyre !
Je vois bien qu'il me faut souffrir
Sans cesse, sans cesse.

7

L'AFFAIRE DE TROP ET L'ÉQUIPÉE ITALIENNE

> « Ce fut alors que je me convainquis, bien qu'il est facile de se créer une conscience analogue à ses opinions, et qu'après le premier effort, il est permis d'arriver à tout. »
>
> Sade

En ce printemps de l'année 1772, à La Coste, en Provence, règne, un soir du mois de mai, une grande fébrilité. Des torches ont été disposées un peu partout sur le chemin d'accès au château, afin de permettre aux voitures de se repérer plus facilement dans cette étroite et unique rue conduisant à cette masse impressionnante de pierre qui se perd dans la nuit méditerranéenne. Dans un grand fracas de roues battant le pavé et faisant grincer les ressorts, la noblesse de ce coin perdu du royaume, où il ne se passe jamais rien, s'empresse d'honorer l'invitation du marquis de Sade qui l'a conviée à assister à une représentation théâtrale.

Singulier contraste entre l'aspect médiéval de cette antique forteresse, bâtie au sommet d'un roc, et l'arrivée de cette société où les messieurs emperruqués et les dames décolletées, une mouche au coin de la lèvre, viennent entendre le répertoire des Lumières : Voltaire, Destouches, Diderot, Regnard,

Sedaine ou Chamfort. Et c'est avec éblouissement que derrière d'antiques murailles, leur apparaît bientôt un théâtre flambant neuf, avec sa scène et ses décors, qu'ils ont été invités à découvrir par une de ces élégantes lettres que le maître de céans leur a adressée : « Je n'ai pas encore été assez heureux pour vous posséder chez moi ainsi que je le désire avec ardeur. Pourrais-je me flatter, si l'occasion d'une comédie que j'ai faite et qui doit se représenter le lundi du 20 courant, pour laquelle je souhaite beaucoup votre jugement, pouvait enfin me procurer le plaisir que je désire depuis si longtemps de faire connaissance avec vous. »

Seul l'abbé de Sade, venu de Saumane, fronce les sourcils : ce jeune fou va bientôt se ruiner – ou tout au moins ruiner sa femme. Sans compter qu'il est en train de faire restaurer les quarante-deux pièces de La Coste ! De plus, il n'y a pas que les travaux de rénovation ; il y a aussi l'embauche de comédiens pour la saison, qu'il faut nourrir, coucher et payer, pour faire tourner l'équivalent moderne de nos festivals, que le marquis de Sade est en train d'inventer. Il écrira, quelques années plus tard, à l'abbé Ambiet, son ancien précepteur, au sujet du théâtre, alors qu'il est incarcéré : « Il m'est absolument impossible de résister à mon génie ; il m'entraîne dans cette carrière-là malgré moi et quelque chose qu'on puisse faire, on ne m'en détournera pas. J'ai, dans mon portefeuille, plus de pièces que n'en ont fait une grande partie des auteurs vantés de nos jours et des canevas préparés pour plus du double de ce que j'ai de fait. Si on m'avait laissé en repos, j'aurais quinze comédies prêtes en sortant de prison. »

Chacun ayant pris place, la représentation commence à la lumière des chandelles et les bons mots fusent, provoquant le rire ou l'émotion du public. Grimé en galant séducteur, le maître de maison interprète lui-même la comédie, qu'il a mise en scène, tandis qu'à ses côtés, une jeune et jolie femme lui donne la réplique, cachant à demi son visage derrière un éventail. Tout en dialoguant, les deux comédiens amateurs se reculent, s'avancent, se frôlent, à la manière des personnages de Marivaux. Leur manège n'échappe à personne. C'est une évidence, il n'a d'yeux que pour elle ; elle n'a d'yeux que pour lui ! Qui douterait qu'ils ne s'aiment ? Il a 32 ans ; elle en a 20, à peine ; elle joue les ingénues à ravir et nul n'est dupe.

Cela fait trois ans que Donatien a fait la connaissance d'Anne-Prospère de Launay, qui n'est autre que la plus jeune des deux sœurs de son épouse Renée-Pélagie, marquise de Sade, c'est-à-dire sa belle-sœur. Lorsqu'elle s'en vient passer l'été à La Coste, à la demande de sa sœur aînée, il a davantage le loisir de la contempler et d'apprendre à la connaître. L'un comme l'autre éprouvent alors un véritable coup de foudre. Le marquis est d'autant plus séduit qu'elle est chanoinesse séculière chez les bénédictines d'Alix, près de Lyon. C'est, pour lui, l'assouvissement d'un de ses fantasmes favoris, la possession d'une fille de Dieu, même si son titre ne fait nullement d'elle une religieuse à part entière, puisqu'elle peut, par exemple, se marier si elle le souhaite.

Son oncle l'abbé est lui aussi sous le charme. Mais c'est Donatien qu'elle aime, elle qui pourrait s'exclamer comme la future Juliette : « Je ne sais néanmoins ce que ce personnage avait d'attrayant, mais je sentis dès le premier abord, qu'il était tout simple d'aimer un tel homme. » Elle lui écrira, le 15 décembre 1769, cette stupéfiante lettre, signée de son propre sang : « Je jure à M. le marquis de Sade, mon amant, de n'être jamais qu'à lui, de ne jamais ni me marier, ni me donner à d'autres, de lui être fidèlement attachée, tant que le sang dont je me sers pour sceller ce serment coulera dans mes veines. Je lui fais le sacrifice de ma vie, de mon amour et de mes sentiments, avec la même ardeur que je lui ai fait celui de ma virginité, et je finis par lui jurer que, si d'ici à un an, je ne suis pas chanoinesse et par cet état, que je n'embrasse que pour être libre de vivre avec lui et de lui consacrer tout, je lui jure, dis-je, que si ce n'est pas, de le suivre à Venise où il veut me mener, d'y vivre éternellement avec lui comme sa femme. Je lui permets en outre de faire tout l'usage qu'il voudra contre moi dudit serment, si j'ose enfreindre la moindre clause par ma volonté ou mon inconscience.

Fait à... , le 15 décembre 1769, écrit avec mon sang. »

Madame de Sade réalise-t-elle sa nouvelle infortune ? Naturellement, mais entre l'amour inconditionnel qu'elle porte à son mari et celui qu'elle porte à sa sœur, elle se tait, ne fait nul reproche et endure. Pense-t-elle que tout le mal en restera là et que les hautes murailles de La Coste contiendront le secret de cette liaison qui passera, comme les autres ? En fait, une nouvelle affaire dont le vacarme va, pour longtemps, déterminer l'avenir du marquis, éclate un mois plus tard à Marseille.

Le 25 juin de cette même année 1772, Donatien se trouve à Marseille pour une affaire d'argent et descend à l'hôtel des Treize Cantons. Ses affaires étant réglées, il commence à s'ennuyer. Il ordonne alors à son valet Latour de recruter quelques prostituées pour une partie qui se déroule rue d'Aubagne, chez l'une d'elles, Mariette Borelly. Elles sont cinq, déjà à moitié dévêtues. D'emblée, avant de les déshabiller et d'abuser d'elles sous toutes les coutures – caresses, flagellations réciproques, foutreries en tous genres et sodomie partagée avec son valet complice –, il leur offre des dragées cantharidées, appelées aussi *pastilles à la Richelieu*, qui sont en fait des aphrodisiaques. Si le but des dragées est, naturellement, d'exciter les sens des participants, il est aussi de provoquer, chez les filles, des flatulences que Donatien adore respirer profondément. « Divin goût », dit-il, qui a le don de mettre en condition ce jeune pervers, toujours ouvert à toutes les expériences, y compris celle-ci, qu'il vient de découvrir.

En fait, il n'y aurait rien à redire de cette banale aventure, qu'on appellerait aujourd'hui une « partouze » – et à l'époque, plus joliment, « une matinée de Cythère » –, si les jeunes femmes, ayant abusé desdites pastilles, n'étaient tombées malades le lendemain. Certaines d'entre elles, vomissant à profusion, sont alors persuadées d'avoir été empoisonnées. Elles portent plainte contre leur client, déjà reparti pour La Coste, qu'elles vont décrire ainsi « taille moyenne, jolie figure, frac gris doublé de bleu, veste et culotte de soie couleur souci, plumet au chapeau, épée au côté ». Cette peinture constitue d'ailleurs, avec le dessin de Van Loo, réalisé au moment de son mariage, l'un des rares portraits du marquis de Sade connus à ce jour. Ils montrent qu'avant de devenir l'obèse reclus, il était sans doute ce qu'on appellerait un joli garçon.

Une enquête est aussitôt ouverte, avec expertise médicale, recueil des témoignages et ample narration des coups donnés et reçus. Des conclusions sont tirées sur l'immoralité notoire du marquis, malgré le retour progressif des filles à un état normal, ce qui conduit le procureur du roi, Monsieur de Mende, à ordonner l'arrestation immédiate de Monsieur de Sade et de son valet. Cette fois, Donatien, qu'on est venu prévenir de l'imminence de sa prise de corps, comprend les risques qu'il court. Profitant de la proximité géographique entre la Provence et les États italiens, dont le territoire commence sitôt franchi Toulon, les Alpes-Maritimes n'étant pas encore françaises, il part sans demander son reste.

Comme on l'imagine, le scandale est énorme, et il l'est

davantage lorsqu'on apprend que le coupable n'est pas parti seul, mais qu'il a fui avec la jeune chanoinesse, sa belle-sœur ! S'ajoute désormais à l'esclandre de Marseille une affaire d'inceste et de subordination d'une religieuse que jamais la présidente de Montreuil n'acceptera. De ce jour, elle comprend que son récidiviste de gendre ne rentrera jamais dans le rang. Seule Madame de Sade pardonne, aidée de son père qui, malgré son âge, effectue le long voyage de Paris à La Coste pour la soutenir. Il fait tout son possible pour atténuer les ennuis de son gendre, recevant les exempts du roi venus l'arrêter à La Coste, où, bien sûr, il n'est plus depuis longtemps.

À compter de ce jour, Renée-Pélagie fera courageusement face pour tenter de sauver son mari, tant des griffes de la justice engagée contre lui que du déshonneur. Les gazettes se répandent en effet contre lui, donnant un tour politique à l'affaire, rappelant que c'est parce qu'il est noble qu'il a été jusque-là préservé. C'est, entre autres, ce que suggère le fameux chroniqueur Bachaumont, dans un récit confinant au délire : « On écrit de Marseille que M. le comte de Sade, qui fit tant de bruit en 1768 pour les folles horreurs auxquelles il s'était porté contre une fille, vient de fournir dans cette ville un spectacle très plaisant, mais effroyable par les suites. Il a donné un bal (*sic*) où il y avait beaucoup de monde, et, dans le dessert, il avait glissé des pastilles au chocolat si excellentes que quantité de gens en ont dévoré ; mais il y avait amalgamé des mouches cantharides. On connaît la vertu de ce médicament. Elle s'est trouvée telle que tous ceux qui en avaient mangé, brûlant d'une ardeur impudique, se sont livrés à tous les excès auxquels porte la fureur la plus amoureuse. Le bal a dégénéré en une de ces assemblées licencieuses réputées parmi les Romains. Les femmes les plus sages n'ont pu résister à la rage utérine qui les travaillait… Plusieurs personnes sont mortes des excès auxquels elles se sont livrées dans leur priapisme effroyable. »

Voulant faire un exemple face à la rumeur et montrer que la qualité sociale de Sade ne lui en impose pas, le parlement d'Aix, au demeurant composé majoritairement de solides catholiques provinciaux attachés aux bonnes mœurs, ne traîne pas. Dès la fin du mois d'août, il entend les réquisitions du procureur demandant la peine capitale. En conséquence, le 3 septembre, le marquis de Sade et son valet Latour, convaincus des crimes d'empoisonnement et de sodomie, sont condamnés à effectuer, à genoux, l'amende honorable, puis à être conduits à l'échafaud où ils seront mis à mort, le premier par décapitation, le second par pendaison, leurs corps étant ensuite brûlés et leurs cendres dispersées au vent. C'est un jugement terrible, certes, mais prononcé par contumace, les deux coupables étant déjà loin.

Aussitôt, la sentence est exécutée en effigie. Sur la place des Prêcheurs d'Aix, on décapite à cet effet un mannequin, tandis qu'on en pend un autre, tous deux étant ensuite brûlés devant la population. La famille de Sade est atterrée, en particulier l'oncle du condamné qui s'enferme à Saumane ; celle de Montreuil ne l'est pas moins, qui espère que la nouvelle ne montera pas jusqu'à Paris ! Le marquis de Sade est-il victime de la réforme des parlements mise en œuvre par Maupéou ou Aix a-t-il voulu faire un exemple ? Il y a sans doute des deux dans ce procès qui a fortement marqué l'opinion publique de l'époque, même si, entre-temps, les filles incommodées par les dragées vont se rétracter et redonner à cette aventure sa véritable dimension de farce, loin des exagérations des uns ou des autres.

Pendant ce temps, Donatien et Anne-Prospère, qu'il a le front de faire passer pour son épouse légitime, roulent sur les routes d'Italie. Ils passent d'abord quelques jours à Venise, à cette époque, refuge, non seulement des amoureux, mais aussi de toutes les aspirations libertaires du siècle des Lumières. C'est le lieu où, par excellence, on vient de toute l'Europe se divertir pendant le carnaval, courant en gondoles les bals et les amusements, en un mot transgresser, ce que permettent le port du masque et les travestissements en tous genres, dans un anonymat dont témoigne le conte de Voltaire consacré au Souper des Rois.

Malgré cet environnement idyllique, entre le Rialto et le Grand Canal, sur fond de tableaux de Guardi et de musique de Vivaldi, ce grand amour comparable à un feu de paille tourne bientôt court. A-t-elle été froissée de voir le regard de son beau-frère se porter trop souvent sur les courtisanes aux seins nus du Ponte delle Tette, à San Casciano, non loin du Rialto ? « À Venise, a dit Goldoni, il y a de l'amusement pour qui en veut ». Toute l'Europe des Lumières le sait, comme, avant elle, celle du Grand Siècle et de la Renaissance, qui vient sur la Lagune pour s'amuser, dans cette onirique cité où les courtisanes ne se comptent plus, où même les religieuses participent à la grande fête de la chair, ce qui constitue – on le sait ! – l'un des principaux fantasmes de Donatien. Entre les *ragazzi* bouclés de noir à souhait, les pages bien réels descendus des fresques des palais et les jeunes filles à peine nubiles aux troublants cheveux justement nommés blond vénitien, il ne sait plus où donner de la tête. Diable ! Tout n'est-il pas permis, ici, contre espèces sonnantes et trébuchantes ? Venise, parfois dans la brume, parfois sous le soleil, est si multiple avec ses canaux innombrables, ses cabinets secrets, ses masques, ses églises exaltant, au paroxysme du désir, leurs fresques ornées de femmes !

Venise, véritable dédale de la tentation, où l'on peut toujours voir et n'être jamais vu, s'accorde pleinement à l'imaginaire débridé du jeune marquis de Sade, enchanté d'apprendre que son plus grand musicien, Vivaldi, fut un prêtre roux, grand coureur de filles. L'air que l'on respire à Venise invite au plaisir, « quoique souvent peu sain, surtout quand la marée est basse », écrira plus tard l'auteur de *Justine* lorsque, à la Bastille il se souviendra de ses frasques de jeunesse et, avec elles, du sourire de sa belle-sœur, resplendissante dans cette gondole qui l'emporte sur le Grand Canal.

La jeune femme, cependant, qui veut son amant tout à elle, s'aperçoit bientôt qu'il la trompe avec l'une des courtisanes d'une cité qui en compte tant et où la prostitution est une institution. À moins qu'il n'ait cédé aux charmes d'un des innombrables gitons qui font aussi de la Sérénissime la capitale de l'homosexualité. Furieuse, après seulement quelques semaines de périple, elle le plante là pour retourner en France, lui laissant une lettre de rupture dans laquelle on peut lire, dans le style merveilleusement explicite du temps : « Il ne faut plus rien déguiser, Monsieur. Je vois la source de mes malheurs. Je sais tout. Que la mort ne m'a-t-elle enlevée à ce fatal instant ! Mais, puisqu'elle m'a épargnée, voici, Monsieur, ma dernière résolution : non celle du premier moment de la douleur d'une infidélité, mais un projet réfléchi, quoique formé aussitôt, et le seul qui puisse me faire supporter la vie, n'ayant plus rien dans le monde qui puisse m'y attacher. Je l'abandonne pour jamais. Ayant été élevée dans l'ordre des Bénédictines, c'est celui que je choisis… là je passerai en paix le reste de mes jours, ignorée du monde et je travaillerai sans cesse à effacer de mon cœur ce qui y fut trop cher. Une vie austère me rapprochera du terme de mes désirs. Je tendrai mes bras vers la mort, elle volera s'y reposer et je serai heureuse.

Secondez ma résolution ; vous vous devez à vous-même d'adoucir ma situation. Je vous pardonne. J'oublie tout à ce prix. Sinon, vous n'êtes à mes yeux qu'un monstre abominable que je ne puis fuir qu'avec trop d'ardeur. »

Lui laissant ses bagages, qu'il devra rapatrier, elle reprend donc le chemin, non pas du couvent, mais de La Coste, où sa sœur la console de ses déboires, tandis que Donatien, accompagné par son indispensable valet Latour et d'un autre recruté à Marseille, Carteron, se rend à Chambéry. Cette ville, située dans les États du roi de Piémont-Sardaigne, n'est à l'époque pas française. Sade y prend d'abord ses quartiers à l'auberge de la Pomme d'Or avant de louer une maison discrète située aux abords de la cité. C'est là que, le 8 décembre en début de soirée, alors qu'il ne s'y attend absolument pas, il est arrêté par le major de la place de Chambéry, le comte de La Chavanne, sur ordre du roi de Piémont-Sardaigne. Depuis plusieurs mois, la présidente de Montreuil, Donatien l'ignore encore, le traque. Avec une redoutable efficacité, elle a su motiver le duc d'Aiguillon, ministre des Affaires étrangères, qui est intervenu auprès du souverain italien.

Aussitôt, Donatien est conduit au château de Miolans, à Saint-Pierre-d'Albigny, où il arrive le lendemain. Placé sous l'autorité de son gouverneur Louis de Launay, il réalise enfin que la haine que sa belle-mère lui porte est irrépressible, sans qu'il semble admettre – pis même, sans qu'il semble comprendre ! – pourquoi. Non sans une certaine logique, puisqu'il estime que cette hostilité n'est pas seulement préjudiciable à lui-même, mais aussi à son épouse, à ses enfants et à sa belle-famille. « Car enfin, écrira-t-il plus tard, que gagne-t-elle à cela ? Perpétuer le déshonneur, celui de sa fille et de ses petits-enfants, mettre un épouvantable désordre dans les biens et me faire mener à moi, la vie la plus triste et la plus malheureuse. »

Tout Sade est là, extraordinairement lucide et à la fois inconscient de ses actes, toujours persuadé que sa qualité de grand seigneur le met à l'abri des juridictions et incapable de comprendre que cette femme, devenue sa pire ennemi, a probablement été secrètement amoureuse de lui, et se venge, au fond, de lui avoir donné sa fille dans un moment d'égarement ! Plus que le roi, malgré ses incartades, plus que l'Église encore, malgré ses blasphèmes, plus que la société enfin, malgré ses transgressions, l'origine de ses malheurs réside dans la présidente de Montreuil brûlant aujourd'hui ce qu'elle a adoré la veille. Renée-Pélagie n'allait-elle pas écrire un jour que « ma mère aimait M. de Sade à la folie, et [qu']elle était encore plus fâchée contre moi que contre lui » ? C'est mieux qu'un constat lucide, un aveu. La présidente se sent trahie deux fois, d'avoir donné sa fille aînée à l'homme qui a séduit sa fille cadette et de ne pas avoir, elle, été distinguée par ce même homme, ce dont elle rêva toujours en secret ! Blesser une femme peut coûter très cher : Donatien va l'apprendre à ses dépens !

Nouvelle réclusion, nouvelle épreuve, mais, tout de même, dans un certain confort, puisque son hôte le traite en gentilhomme. Il l'installe dans une cellule propre et soignée garnie d'un lit, d'une table à écrire et d'une autre de toilette, d'une chaise percée, d'un bidet et de fauteuils, ainsi que d'une cheminée, le tout avec une vue superbe sur la montagne environnante. Lui est accordée la possibilité d'avoir son domestique à son service, de se faire livrer ses repas de l'extérieur, ainsi que le café, les chandelles et le bois de chauffage, de se promener à sa guise dans l'enceinte de la forteresse et même de fréquenter les autres prisonniers. Il le fait, se liant entre autres d'amitié avec le baron de l'Allée de Songy, le lieutenant Ducloz,

Monsieur Collomb de Battines ou le marquis Lavin – qu'il surnomme Oreste. Il joue avec eux aux cartes et bavarde des soirées entières.

En revanche, il n'a pas la possibilité d'envoyer des lettres à l'extérieur ni d'en recevoir. Interdiction qu'il parvient rapidement à contourner en soudoyant quelques employés de la forteresse. Il reste malgré tout d'extrême mauvaise humeur tout au long de son séjour forcé à Miolans. Il ne trouve rien de mieux que s'en prendre au gouverneur de Launay, qui n'est pour rien dans sa détention, et avec lequel il a plusieurs altercations, malgré la bonne volonté qu'incontestablement, ce dernier manifeste pour lui être agréable. Seul trouve grâce à ses yeux le baron de l'Allée, mauvais sujet savoyard. Sa femme elle, a entrepris de quitter La Coste pour Miolans, mais elle n'est finalement pas admise à le voir. Lequel des deux a, le premier, l'idée de préparer une évasion, avec tout à la fois la fougue de leur jeunesse et la conscience, parfois excessive, de leur bon droit ? On ne sait, mais ils sont à présent très déterminés, depuis qu'ils ont remarqué que la fenêtre des latrines est facile à franchir, à la condition de bénéficier d'une aide extérieure pour être réceptionné sur le bas du rempart.

C'est à l'occasion de la visite du château Saint-Ange à Rome que le divin marquis va délivrer innocemment sa définition du « sadisme »…

Qu'est-ce que l'Italie pour lui ? Il le dit dans *Juliette* : « Un pays qui donnerait l'idée du ciel, si on pouvait le traverser sans voir les hommes. »

On peut dire que Donatien de Sade n'est pas un touriste ordinaire. Ce qu'il remarque a toujours plus ou moins un lien avec ce qui va faire sa réputation : « L'exactitude avec laquelle cette forteresse était gardée lorsque je la vis, pour la raison des jésuites prisonniers que l'on y retenait, fit que je ne pus pénétrer dans les salles intérieures où on me dit qu'étaient quelques fresques des écoliers de Raphael. L'arsenal, seule pièce dans laquelle il me fut permis d'entrer, me parut aussi mesquin que médiocre. On prétend qu'il contient deux mille fusils. J'y vis une armure assez belle que l'on dit avoir été portée par un pape, du temps des troubles de Ferrare. Je crois ce meuble militaire parfaitement inutile à nos poncifs présents. On montre dans une armoire, en face de la porte, quelques armes défendues, parmi lesquelles sont des poignards, dont les blessures doivent être mortelles. J'y vis une espèce d'arc fort petit et d'une construction singulière, qui avait appartenu à un Espagnol dont l'unique plaisir consistait à lancer, au moyen de cet arc (sans autre intention que celle d'une destruction gratuite), plusieurs épingles empoisonnées dans les rues et dans les foules où il se trouvait, soit dans les places publiques, soit au sortir des églises. Cette manie bizarre de faire le mal pour le seul plaisir de le faire est une des passions de l'homme la moins comprise et par conséquent la moins analysée, et que j'oserais cependant croire possible de faire rentrer dans la classe commune des délires de son imagination. Mais sa rareté, heureusement pour l'humanité, m'en évite la peine. »

Ainsi le marquis de Sade vient-il, incidemment, en passant devant le château Saint-Ange élevé sur les ruines du tombeau d'Hadrien, de nous donner la définition du sadisme !

8

LE MARQUIS EN CAVALE

> « Nous sommes entraînés par une force irrésistible, et jamais un instant les maîtres de pouvoir nous déterminer pour autre chose que pour le côté vers lequel nous sommes inclinés. »
>
> Sade

En cette nuit du 30 avril 1773, rien ne semble bouger au château de Miolans, endormi, tout comme la nature alentour. À peine éclairée par un rayon de lune, la longue façade, épousant parfaitement les contours du piton sur lequel l'impressionnante forteresse a été édifiée à la fin du Moyen Âge, se déploie dans l'obscurité. Ainsi les tours la surmontant et, plus haut encore, la Dent d'Ardusaz, dominant le site du haut de ses 2 064 mètres. Qui pourrait entrer et sortir de ce qu'on appelle, au carrefour des vallées de la Tarentaise et de la Maurienne, « la Bastille des Alpes », où sont enfermés, sur ordre du roi de Piémont-Sardaigne, les conspirateurs, les fous, les voleurs et les assassins ?

Or soudain, quelques silhouettes commencent à s'agiter. D'abord, en contrebas du piton, ensuite à une fenêtre que trois hommes enjambent prestement. Un petit groupe les réceptionne alors au pied du rempart, au moyen d'une échelle de corde, et tout le monde de filer en silence sur le chemin montueux où, tout en bas, attendent les chevaux. Comme dans un film de cape et d'épée, chacun se met en selle. Aussitôt, l'équipée disparaît dans la nuit. Ainsi le marquis de Sade, son valet Latour et le baron de l'Allée de Songy se sont-ils fait la belle, grâce à des complicités achetées, probablement par Madame de Sade, qui n'avait ménagé ni sa peine ni ses écus pour libérer son bien-aimé mari.

Parfait homme du monde, Donatien, avant de partir, a laissé en évidence une lettre au gouverneur de Savoie : « La cruauté outrée d'une belle-mère dont je ne dépends point, les mensonges, les entortillages, les tromperies dont on m'endort depuis si longtemps, sont les seules causes de la périlleuse démarche que j'entreprends. Vos bontés, Monsieur, y sèment quelques remords. Je suis confus de si peu les mériter, mais l'horreur de ma situation l'emporte, et il m'est impossible d'y tenir davantage. La violence de mon sang s'oppose à des châtiments de ce genre. » Il en a laissé une autre à Monsieur de Launay, à qui il a écrit, non sans une certaine ironie : « Monsieur, si quelque chose peut troubler la joie que j'ai de m'affranchir de mes chaînes, c'est la crainte où je suis qu'on ne vous rende responsable de mon évasion. Après toutes vos honnêtetés et vos politesses, je ne puis vous cacher que cette pensée me trouble… Il ne me reste plus qu'à vous remercier de vos bontés. J'y serai toute ma vie sensible ; je ne désire que des occasions de vous en convaincre. Un jour viendra, je l'espère au moins, où il me sera permis de me livrer entièrement au sentiment de reconnaissance que vous m'avez inspiré, et avec lequel j'ai l'honneur d'être, Monsieur, votre très humble et très obéissant serviteur. »

La longue cavale qui débute conduit le marquis de Sade dans divers lieux, dont il est difficile de retracer la succession. On croit seulement savoir qu'il passe par Bordeaux, d'où, via Bayonne, il descend en Espagne, terre qui lui est jusqu'alors inconnue et où il médite, peut-être, sur le personnage de Dom Juan, qu'il connaît pour avoir lu Molière. Va-t-il, comme sa femme le suggère, mais peut-être pour brouiller les pistes, jusqu'à Cadix ? On l'a dit. Plus sûrement, passant par Madrid, ou tout au moins par Saragosse, remonte-t-il par l'Aragon puis la Catalogne. Il rejoint la France par le Languedoc et se retrouve en Provence, à la fin de cette même année 1773, mais cette fois clandestinement. En fait, officiellement du moins, on ne sait pas où il est. Preuve en est le jour où les exempts du roi, au mois de janvier 1774, effectuent à La Coste une perquisition musclée, dans l'espoir de se saisir de lui, mais repartent bredouilles, après une fouille en règle.

Il faut dire qu'il s'est toujours tenu sur ses gardes, comme en témoigne cette lettre adressée au mois de novembre de cette même année à son homme d'affaires Gaufridy : « Nous vous attendons donc mardi, mon cher avocat… Je vous prie de bien venir de bonne heure, au moins pour dîner, c'est-à-dire trois heures. En voici la raison. Nous sommes décidés, par mille raisons, à voir très peu de monde cet hiver. Il en résulte que je passe la soirée dans mon cabinet et que Madame avec ses femmes s'occupent dans une chambre voisine jusqu'à l'heure du coucher, moyen de quoi, à l'entrée de la nuit, le château se trouve irrémissiblement fermé, feux éteints, plus de cuisine et souvent plus de provisions. » Parfois, lorsqu'un danger menace, il n'hésite d'ailleurs pas à se cacher chez ses fermiers.

Le petit monde de Sade, sa femme, ses vassaux, savent-ils que la présidente de Montreuil est à l'origine de tous ses malheurs ? C'est certain. Et tous sont solidaires face aux actes de cette Parisienne qui, de surcroît, s'est autorisée, depuis le début de l'incarcération de son gendre, à gérer elle-même ses biens, au nom de l'intérêt supérieur de ses petits-enfants, et ce avec la complicité du notaire des Sade, le sieur Fage.

De cachette en cachette, Sade finit par s'ennuyer. Pour se distraire, il passe à nouveau en Italie, mais cette fois, sans sa belle-sœur. Il le fait, avec son sens de la provocation, déguisé en curé, ce que nous savons par une lettre de sa femme, qui écrit : « M. le curé a très bien fait son voyage, à ce que dit le voiturier, excepté que la corde du bac où il était ayant cassé sur la Durance, que l'on passe pour aller embarquer à Marseille, les passagers voulaient se confesser. »

Il revient en France à l'automne, via Lyon, où sa femme le rejoint. C'est dans cette ville que semble se situer la dernière aventure sadienne, bien qu'aucune trace ne subsiste, toutes les pièces du dossier ayant été détruites, sans doute sur une ultime intervention de la famille de Montreuil. Que s'est-il passé, dans cette ville, entre Donatien, les cinq très jeunes filles et le secrétaire qu'il avait embauchés et dont les parents allaient, ensuite, porter plainte contre lui, « pour enlèvement fait à leur insu et par séduction » ? Il y a – c'est une évidence ! – un relent des futures *Cent Vingt Journées de Sodome* dans cette ténébreuse affaire, la plus énigmatique, sans doute, de la vie du marquis de Sade.

On parlera d'adolescentes mutilées, puis cachées à La Coste, à Saumane et au couvent de Caderousse, de sommes d'argent versées par les Montreuil aux familles, d'atrocités inavouables. Fantasme ou réalité ? À compter de cette date, Donatien, délinquant sexuel ou pauvre humain prisonnier de sa libido, se situe déjà entre le réel et l'imaginaire, lui-même ne sachant plus ce qu'il est ou ce qu'il croit être ! « Je suis barbare jusqu'à la frénésie quand je bande, écrit-il lui-même, et cruel de sang-froid quand le foutre a coulé. » Tout est dit ! À nouveau compromis, Donatien, au mois de juillet 1775, s'en va, via Gap, Briançon et le col de Montgenèvre, se faire oublier dans les États italiens. Il prend la direction de Florence, faisant étape à Parme et voyageant sous le titre de « comte de Mazan, ancien officier de cavalerie ».

Dans l'ancienne capitale des Médicis, le docteur Mesny sert de guide au marquis de Sade, qui en profite pour courtiser l'une de ses filles. De Florence, il file sur Rome, où le reçoit fort civilement le cardinal de Bernis, ambassadeur de France auprès du Saint-Siège. Cet autre libertin notoire est le grand ami de Casanova, à qui – quel dommage ! –, il ne présente pas le marquis, pas plus qu'il ne le présentera au nouveau pape Pie VI. Cette fois, c'est le docteur Giuseppe Iberti qui se chargera de lui faire visiter la ville. Enfin, son périple s'achève à Naples, où il arrive au tout début de l'année 1776. Là, il est reçu par le peintre français Jean-Baptiste Tierce, gendre du docteur Mesny, lequel à son tour lui montre cette ville déjà mythique et dominée par le Vésuve fumant qui lui ressemble tant. À Naples, il est présenté au roi Ferdinand IV, le fameux Nasone, beau-frère de Marie-Antoinette, personnage pittoresque tellement proche de ses sujets qu'il partage leur vie et se rend avec eux à la pêche. Sade raconte qu'il lui a fait si bonne impression que le roi lui aurait proposé différents emplois à sa Cour !

Avant de rentrer en France, il fait expédier, de Naples à Marseille, deux caisses d'antiquités à destination de La Coste et s'en revient au pays par Rome, Milan puis Grenoble, au terme d'une année d'absence. Ce sera son dernier voyage de liberté, ce qu'il ignore encore.

L'été 1776 le voit donc en son château de La Coste, où il commence à rédiger son *Voyage en Italie*, qu'il pense être l'œuvre de sa vie, séjour studieux qu'il entrecoupe de petits périples, comme celui qui le conduit à Montpellier, à l'automne. Jouant toujours avec le feu, il ne néglige pas ses plaisirs favoris, abusant plus d'une fois les jeunes servantes du château. Ces privautés lui attirent de nouveaux ennuis. Ainsi ce jour de décembre 1776 où le père d'une des servantes, venu rechercher sa fille, lui lance « qu'il peut le tuer en toute assurance, puisqu'il ne lui arrivera rien » et tire sur Donatien, qu'il manque. Ceci ne l'empêche pas de porter plainte, à Aix, contre le marquis de Sade, pour enlèvement et subornation.

Sentant venir de nouveaux dangers, Donatien quitte alors la Provence pour Paris, ce qui revient à se jeter dans la gueule du loup, puisqu'il est toujours sous le coup d'une condamnation. « Le marquis donne dans le pot noir comme un nigaud », écrit l'avocat Reinaud, « sur ma parole, le mois ne s'écoulera point que notre champion soit coffré à Paris ».

Quand Sade arrive dans la capitale au début du mois de février, il apprend que la comtesse de Sade douairière est morte dans son couvent trois semaines plus tôt. Contrairement à son mari, elle a connu, pour partie tout au moins, les incartades de son fils, qu'elle ne pouvait naturellement comprendre. Donatien, pourtant, se croit en sécurité parce qu'il brouille les pistes. Il devrait plutôt se méfier : l'inspecteur Marais, et probablement la présidente de Montreuil de connivence avec ce dernier, pistent ses moindres faits et gestes.

Le 13 février 1777, en début de soirée, l'inspecteur se présente d'ailleurs à l'hôtel de Danemark, rue Jacob, pour arrêter le marquis de Sade, au moment où il s'y attend le moins. Le marquis est aussitôt incarcéré au donjon de Vincennes. Renée-

Pélagie comprend que sa mère est derrière ce nouveau coup du sort, et peut-être même l'abbé de Sade qui, à Saumane, peut enfin dormir sur ses deux oreilles, sans le risque d'un nouveau scandale venant déranger ses habitudes.

Donatien enfin en prison ? C'est le repos général assuré, soupirent ses proches, à l'exception de sa femme. Elle n'aura de cesse de remuer ciel et terre pour le faire libérer, demandant la révision de son procès qui, effectivement, est à l'instruction. Le 26 septembre, en effet, le Conseil des Dépêches en accepte le principe, dans la mesure où le crime d'empoisonnement n'est plus retenu contre lui, les filles de Marseille s'étant rétractées. Il faudra attendre le printemps de l'année suivante pour qu'il soit transféré à Aix, où il doit être rejugé.

Au mois de juin 1778, il s'y rend donc sous bonne escorte, accompagné par l'inspecteur Marais qui, décidément, ne lâche pas sa proie. Le procès débute le 25 juin. Cinq jours plus tard, le parlement casse le jugement de 1772. Un nouveau procès commence. Il s'achève le 14 juillet par un jugement plus favorable : une admonestation « pour débauche et libertinage », assortie de cinquante livres d'amende et d'une interdiction de séjourner à Marseille pendant trois ans. Se croit-il tiré d'affaire ? Sur le plan judiciaire, il l'est effectivement, puisque son honneur est sauf, ainsi que celui de sa famille. Mais la lettre de cachet du défunt roi – Louis XV est mort entretemps et Louis XVI lui a succédé – est toujours effective. Il doit donc s'en retourner à Vincennes jusqu'à nouvel ordre, un ordre d'élargissement. Reste que le nouveau souverain n'a nulle intention de signer un tel document en faveur d'un libertin dont la narration des exploits a sans doute dû l'horrifier, malgré les nouvelles intercessions de Renée-Pélagie, d'ailleurs court-circuitées par sa mère qui n'accepte pas l'idée que son gendre puisse à nouveau jouir de la liberté.

Le 15 juillet, Donatien, la rage au cœur, reprend donc le chemin de Paris, dans la voiture de l'inspecteur Marais, méditant un plan d'évasion dès qu'une occasion favorable se présentera. Il n'a guère à attendre, puisque, à l'auberge de Valence où ils font étape à la tombée de la nuit, prétextant un besoin naturel, il s'enfuit, sans que ses accompagnateurs, stupéfaits, ne parviennent à le rattraper. La nuit est tombée, il faut attendre le lendemain pour organiser une véritable chasse à l'homme, qui ne donne rien, obligeant Marais et ses acolytes à rentrer à Paris bredouilles, avec en lieu et place de leur prisonnier… ses bagages. Marais, incapable de pardonner à Sade l'affront qu'il vient de lui faire, n'aura désormais de cesse de le poursuivre de sa haine.

Sade, entre-temps, bien caché dans une cabane de la campagne environnante, redescend vers le sud grâce à des paysans. Il parvient à gagner Avignon, où il compte des amis sûrs. De là, il file sur La Coste, où, à nouveau, il se sent en sécurité, convaincu de pouvoir échapper aux autorités. Mais cette fois, il se trompe. Sa fuite va tourner court. Dans la nuit du 25 août, en effet, après avoir essuyé quelques alarmes les jours précédents qui l'ont conduit à se réfugier un moment à Oppède, chez un ami, il est brutalement réveillé par un tumulte. Tout va très vite. La porte de sa chambre est enfoncée par les gendarmes, armés jusqu'aux dents. Ils se saisissent de lui, en chemise, sous le regard de l'inspecteur Marais, qui savoure sa victoire et se permet d'apostropher le détenu en l'appelant « petit homme » et en le tutoyant avec mépris, ce qui est assez exceptionnel lorsqu'on songe à la codification des rapports sociaux sous l'Ancien Régime.

Ligoté, Donatien est immédiatement emporté dans une voiture prévue à cet effet. Nouveau retour sur Paris, mais cette fois sous très haute surveillance. Cette aventure – mais il l'ignore encore –, plus jamais de sa vie il n'en connaîtra de semblable. S'enfuir, courir, déjouer les pièges, se cacher, nouer des complicités, c'est à présent terminé. Dans la voiture qui le reconduit vers l'ancien donjon auprès duquel Louis IX rendait la justice et où Philippe VI avait jadis réuni l'Ost de France au tout début de la guerre de Cent Ans, Donatien, ce 7 septembre 1778, pense pourtant qu'il n'aura, comme d'habitude, que quelques semaines, voire quelques mois à passer à l'ombre de cet antique monument, dont l'ordonnancement intérieur, avec ses voûtes, ses escaliers à vis, ses échauguettes, ses grilles, ses portes à triple verrou, fait désormais partie de l'univers sadien avec son cortège d'imagination érotique.

Il ne se doute pas, cependant, que, pour son malheur, ce sont pratiquement treize longues années de détention qui commencent. C'est l'aube d'une nouvelle vie, dont il n'a pas encore idée. Ces années vont progressivement faire de lui un tout autre homme que ce qu'il a été jusque-là et même, par certains aspects, l'incarnation d'un véritable mythe, celui du reclus perpétuel, contraint pour avoir volontairement transgressé les règles de la bienséance. *Un* marquis de Sade entre en prison, *le* marquis de Sade va naître de cette incarcération, celui qui confiera bientôt : « Je ne crois pas qu'il y ait jamais eu un vertige pareil à celui des prisons ! »

N'est-il pas amusant de voir Sade « choqué » ? En découvrant les castrats à Florence, il s'indigne : « Enfin, c'était pour la première fois que j'entendais ces espèces de monstres. J'en fus révolté. »

Au récit de son voyage en Italie, le marquis apporte une note plus intime. Confidence, révélation, satisfaction ? « Ceux qui me connaissent savent que j'ai parcouru l'Italie avec une très jolie femme ; que, par unique principe de philosophie lubrique, j'ai fait connaître cette femme au grand-duc de Toscane, au pape, à la Borghèse, au roi et à la reine de Naples : ils doivent donc être persuadés que tout ce qui tient à la partie voluptueuse est exacte, que ce sont les mœurs bien constantes des personnages indiqués que j'ai peintes, et que s'ils avaient été témoins des scènes, ils ne les auraient vues dessinées plus sincèrement. Je saisis cette occasion d'assurer le lecteur qu'il en est de même de la partie de descriptions et de voyages : elle est de la plus extrême exactitude. »

C'est lors de ce voyage en Italie, de Rome à Florence, que Sade va découvrir l'existence des castrats : « C'était la première fois que je voyais sur un théâtre ces espèces de demi-hommes qui durent originairement leur dégradation aux recherches les plus honteuses de la débauche, et que le goût de la musique conserva, en dépit de l'humanité qui gémit et se révolte contre cet horrible usage. Rome, qui la première les établit sur son théâtre pour éviter le scandale que pouvaient y causer les femmes, ne fit-elle pas un bien plus grand crime soit en dégradant ainsi la nature, soit en offrant aux désirs déréglés de ses sujets (déjà trop enclins à en méconnaître les lois) des jeunes gens sans barbe et de la plus jolie figure du monde ? »

On ne manquera pas de s'amuser, pour une fois, d'une marquis de Sade choqué et même offusqué par ce qu'il découvre des mœurs florentines : « Enfin, c'était pour la première fois que j'entendais des espèces de monstres. J'en fus révolté. On ne se fait point à entendre sortir d'un gros corps d'homme bien massif et bien informe, une petite voix claire et beaucoup plus haute que celle des femmes. La longueur de leur tenue, l'incroyable étendue de leur voix, a si vous voulez, quelque chose de surprenant, mais le léger plaisir qu'occasionne cette surprise est troublé par des gestes ridicules, l'air gauche, les tournoiements de tête, la démarche lourde et épaisse du personnage, et surtout par les grimaces horribles qu'on lui voit faire pour se gonfler l'estomac de vent qu'il laisse ensuite échapper par sa gorge, souvent avec le même bruit que les vomissements et qui produisent des sifflements du gosier, durs, désagréables, lesquels cependant occasionnent aussitôt, dans les peu délicates assemblées, des hurlements de plaisir à l'unisson, rendus par des bravo !... bravissimo !... qui achèvent de déchirer l'oreille que le castrat vient d'écorcher. » Le marquis ne peut s'empêcher d'ajouter à sa correspondance quelques potins licencieux : « Croirez-vous, cependant, Madame la Comtesse, que ces petits messieurs font des passions ? La première chanteuse de l'Opéra de l'automne 1775 était folle du premier castrat. Lui, de son côté, l'aimait à la folie. Ils ne s'engageaient jamais qu'ensemble pour les différentes troupes où ils étaient appelés. Leurs facultés, disent les femmes connaisseuses, sont d'autant plus précieuses qu'elles ont plus de durée. L'ardeur ne les éteint jamais. Mais n'est-ce pas dans cette ardeur partagée qu'est le plus délicat des plaisirs ? Et combien est méprisable, à mes yeux, la femme qui, s'inquiétant fort peu de celui de son amant, ne l'estime qu'en raison de l'étendue qu'il peut donner aux siens ! » Sade ne fait pas montre de plus d'indulgence à propos de ces spectacles : « Les habillements y sont magnifiques, mais les danses médiocres. Les Italiens font peu cas du genre noble et gracieux. Un cabrioleur est tout ce qu'il leur faut ; s'il fait quelques sauts à risquer de se casser les jambes, vous entendez aussitôt la brillante assemblée se récrier sur la supériorité du talent du baladin. On peut conclure de là que tant que ce goût ridicule régnera dans cette contrée de l'Europe, il en sortira peu de bons sujets dans ce genre. »

Si le marquis nous en apprend beaucoup sur l'Italie, qu'est-ce que l'Italie lui a appris ? C'est André Pieyre de Mandiargues qui nous donne la réponse : « Sans aucun doute, l'Italie réussit à Sade… Elle lui donne de la légèreté… Elle le détourne de l'artifice et le pousse à un certain réalisme ou tout au moins un certain impressionnisme… »

9

MONSIEUR LE 6, PRISONNIER DE VINCENNES

> « Si on met ma liberté au prix du sacrifice de mes principes ou de mes goûts, nous pouvons nous dire un éternel adieu, car je sacrifierais, plutôt qu'eux, mille vies et mille libertés, si je les avais. »
>
> Sade

En ce printemps de l'année 1780, un jour blafard traverse péniblement les deux petites fenêtres de la cellule, protégées par une double grille de fer forgé, laissant apercevoir un certain confort, bien que rudimentaire. Un poêle, un lit, une chaise percée, un fauteuil, une table de toilette et des livres, beaucoup de livres sur les rayonnages. Le silence serait total sans le crissement de la plume d'oie courant sur le papier, que tient de sa main droite celui qu'on appelle « Monsieur le 6 », le numéro de sa cellule, à laquelle on ne peut accéder qu'après avoir grimpé les nombreuses et étroites marches d'un escalier hélicoïdal et traversé maints couloirs, régulièrement obturés par des portes à triple serrure.

C'est là que, depuis déjà deux ans, il travaille, mange et dort, ne sortant qu'une fois par jour pour prendre l'air et faire un peu d'exercice, dans cette enceinte de Vincennes bordée par le pont-levis et la chapelle gothique, située en face du donjon, deux bâtiments du XVIIe siècle, où les enfants de France venaient jadis. Cette paroisse proche de Paris n'est encore qu'un village adossé à l'immense forêt royale, dans laquelle la Cour vient parfois chasser. Singulier paysage tout de même que cette prison à l'apparence militaire, si près de la nature et pourtant si loin d'elle, où d'autres ont éprouvé l'angoissante épreuve de l'incarcération, dont Diderot, naguère, pour sa fameuse *Lettre aux aveugles* jugée trop antichrétienne.

« Monsieur le 6 » est en train d'écrire. C'est, depuis ses trois années de réclusion, la principale de ses activités. Il s'y livre le plus souvent sans perruque, la chemise largement échancrée, la veste déboutonnée et des pantoufles au pied, pour être plus à l'aise. En effet, depuis qu'il est prisonnier, cet homme de 40 ans a beaucoup grossi, faute de pouvoir bouger à sa guise, et, plus encore, parce qu'il use et abuse de la bonne chère, avec laquelle il compense ses malheurs. Sa famille réglant une pension suffisante, il a le droit de bien manger – en particulier celui de s'empiffrer de pâtisseries –, le dernier plaisir dont il peut disposer, avec celui d'écrire, dont il ne se prive pas, même si l'obscurité de sa cellule abîme sérieusement ses yeux. En revanche, la pension ne peut rien contre les souris qui se cachent – à peine ! – dans les coins, les courants d'air, les araignées et les puces, dont il se plaint journellement, comme, naturellement, de la solitude, de l'éloignement, de la frustration, de la honte, des angoisses nocturnes et divers petits tracas qui font le malheur de tous les prisonniers depuis que le monde existe.

Qu'écrit-il ? D'abord de multiples lettres, à sa femme, à ses fermiers de Provence, aux autorités judiciaires pour continuer de clamer avec aplomb son innocence. Là, il déchaîne ses rancœurs, d'abord contre sa belle-mère, la présidente de Montreuil, à qui il doit sa situation présente. Donatien, selon les mentalités et les préjugés de son temps, considère paradoxalement qu'il s'est abaissé en épousant une fille de la noblesse de robe et qu'en retour, il devait retirer de cette opération un certain nombre d'avantages, financiers surtout. Or non seulement cela n'a pas été le cas, mais encore se retrouve-t-il en prison par la faute de cette même famille. Ne reconnaissant jamais sa propre responsabilité dans ses infortunes, il écrit ces lignes féroces : « Il n'appartient pas à la présidente de Montreuil, cousine, nièce, parente, filleule et commère de toute la petite vilaine banqueroute de Cadix et de Paris, à la présidente de Montreuil, nièce d'un fripon chassé des Invalides par M. de Choiseul pour ses vols et concussions, à la présidente de Montreuil qui a, dans la famille de son mari, un grand-père pendu en place de Grève, à la présidente de Montreuil, qui a donné sept ou huit bâtards à son mari et qui a maquerellé toutes ses filles, il ne lui appartient pas de vouloir vexer, punir ou réprimer les défauts de tempérament dont on n'est pas maître et qui n'ont jamais fait de tort à personne. »

Il est, une autre fois, plus incisif encore, lui souhaitant d'endurer les pires tourments : « Voilà le cent onzième supplice que j'invente pour elle. Ce matin, je la voyais écorchée vive, traînée sur des chardons et jetée ensuite dans une cuve de vinaigre ! Voilà, pour avoir ruiné et déshonoré son gendre ! Voilà pour lui avoir fait perdre les plus belles années de sa vie ! »

Informée de ces lignes, la présidente juge que, dans ces conditions, la libération de Donatien est inenvisageable, tandis que Renée-Pélagie note, résignée : « M. de Sade, c'est toujours la même chose ; il ne peut retenir sa plume et cela lui fait un tort incroyable. » Le connaissent-elles si mal pour croire qu'il rentrera un jour dans le rang ? Rebelle il est né, rebelle il mourra ! « Non, je ne crois pas qu'il soit possible de trouver dans le monde une créature plus abominable que votre indigne mère », écrit-il à sa femme. « L'enfer n'en vomit jamais de pareilles ! » Ainsi, nul ne trouve désormais grâce à ses yeux, depuis le lieutenant général de police Lenoir, taxé de « foutu ganache » ou de « protecteur des bordels de la capitale », jusqu'au gouverneur de Vincennes : « Ce n'est pas, en un mot, au petit bâtard de Rougemont, à l'exécration du vice personnifié, à la crapule en chausses et en pourpoint qui, d'un côté prostitue sa femme pour avoir des prisonniers, et de l'autre les fait mourir de faim, pour avoir un peu plus d'écus et de moyens de payer les infâmes suppôts de ses débauches, à un drôle enfin qui, sans les caprices de la fortune et le plaisir qu'elle prend à abaisser ceux qui doivent être élevés et à élever ceux qui ne sont faits que pour ramper, qui sans cela, dis-je, serait peut-être trop heureux d'être mon marmiton, si nous étions tous deux restés à la place où nous avait fait naître le ciel ; ce n'est pas à un gueux de cette espèce à vouloir s'ériger en censeur des vices, et des mêmes vices qu'il a à un degré encore plus odieux, parce qu'encore un coup, on devient plus méprisable et plus ridicule quand on veut molester dans autrui ce qu'on a mille fois plus soi-même, que ce n'est pas aux bancals à se moquer des boiteux, ni aux aveugles à vouloir mener des borgnes. Ainsi soit-il, et je vous salue. »

Il n'est pas jusqu'à son valet qu'il injurie de façon pittoresque, comme le font les personnages de Molière, encore qu'une certaine affection en filigrane y soit perceptible : « Tu fais l'insolent, mon fils ! Si j'étais là, je te rosserais. Comment, vieux jean-foutre de singe, visage de chiendent barbouillé de jus de mûre, échalas de vigne de Noé, arête de la baleine de Jonas, vieille allumette de briquet de bordel, chandelle rance de vingt-quatre à la livre, sangle pourrie du baudet de ma femme, vieille citrouille dans du jus de punaise, troisième corne de la tête du diable, figure de morue allongée comme les deux oreilles d'une huître, savate de maquerelle, si je te tenais, comme je t'en frotterais de ton sale groin de pomme cuite qui ressemble à des marrons qui brûlent pour t'apprendre à mentir de la sorte. »

On le voit aussi ironiser sur lui-même : « Si j'avais eu Monsieur le 6 à guérir, je m'y serais pris bien différemment, car au lieu de l'enfermer avec des anthropophages, je l'aurais clôturé avec des filles ; je lui en aurais fourni un si bon nombre que le diable m'emporte si, depuis qu'il est là, l'huile de la lampe n'est pas consumée ! Quand on a un cheval trop fougueux, on le galope dans des terres labourées ; on ne l'enferme pas à l'écurie ! » Ou se plaindre qu'on lui ait refusé un livre de Rousseau : « Me refuser les *Confessions* de Jean-Jacques est encore une excellente chose, surtout après m'avoir envoyé Lucrèce et les dialogues de Voltaire ; ça prouve un grand discernement, une judiciaire profonde dans vos directeurs. Hélas ! Ils me font bien de l'honneur, de croire qu'un auteur déiste puisse être un mauvais livre pour moi… Ayez le bon sens de comprendre que Rousseau peut être un auteur dangereux pour de lourds bigots de votre espèce, et qu'il devient un excellent livre pour moi. Jean-Jacques Rousseau est à mon égard ce qu'est pour vous une *Imitation de Jésus-Christ.* » Sade amateur de Jean-Jacques ? Oui, comme de l'abbé Prévost, de Marivaux, de d'Alembert, Voltaire, Marmontel et nombre d'autres figures des Lumières, dont il est un lecteur assidu. Ne va-t-il pas jusqu'à entasser plus de cinq cents livres dans sa cellule ? Par eux, il compte assurément parmi les meilleurs lettrés de son temps !

Enfin, au fil des années, il devient d'une lucidité totale, et parfois effrayante : « Quel bien a produit en moi Pierre-Encise ? Quel bien a produit Miolans ? La première détention de Vincennes ? Me gâter l'esprit et l'humeur, m'échauffer la bile, la tête et le tempérament, me ramener à de mêmes erreurs rien que par la taquinerie liée à mon être de ne jamais vouloir ni qu'il soit, ni qu'il soit dit que la punition me fasse d'autre effet que de me rendre pis. (…) J'étais un homme, je suis aujourd'hui un animal de la ménagerie de Vincennes. » Il conclut : « Impérieux, colère, emporté, extrême en tout, d'un dérèglement d'imagination sur les mœurs qui, de la vie, n'a pas eu son pareil, en deux mots me voilà ; et encore un coup, tuez-moi ou prenez-moi comme je suis, car je ne changerai pas ! »

Il est le premier ainsi, probablement parce qu'il en a l'expérience, à comprendre que la prison est non seulement un châtiment inutile, mais encore un remède souvent pire que le mal, puisqu'elle ne fait qu'ancrer le condamné dans ses vices ou ses crimes : « En dégradant l'homme, vous aigrissez son esprit, vous avilissez son caractère ; le mépris est d'un poids si cruel à l'homme, qu'il lui est arrivé mille fois de devenir violateur de la loi pour se venger d'en avoir été la victime », va-t-il bientôt écrire dans *Aline et Valcour*. Dans un autre texte, ce fin psychologue en tire toutes les conséquences pour lui-même : « Que retirer de l'état où l'on me met ? Rien, absolument rien. Mon sang s'aigrit, ma tête s'irrite ; à l'exemple des malheurs et des duretés qui m'environnent, mon caractère s'endurcit, mon esprit s'aliène. Ce n'est pas au temple de la fourberie et de l'imposture que peuvent se trouver la franchise et la vertu ; ce n'est pas en voyant molester les hommes qu'on peut apprendre à connaître les droits de la société, seuls principes de toutes les vertus. Je puis dire, et par ce que je crois et par ce que je dis et par ce que j'éprouve, qu'il n'existe pas dans l'univers entier une façon plus gauche de ramener au bien que celle employée dans de tels lieux. »

Le plus souvent, toutefois, ce lion en cage s'en prend à sa pauvre épouse. Dévouée, elle lui procure pourtant tout ce qu'il lui demande, malgré ses lettres emplies de haine contre la terre entière, tentant de le consoler et finissant par comprendre que c'est le désespoir qui entretient sa colère permanente, comme celle qu'il manifeste, en 1780, pour une pâtisserie qu'il n'a pas trouvée à son goût : « Le biscuit de Savoie n'est pas, en un mot, ce que je demandais. 1. Je le voulais glacé tout autour, dessus et dessous, de la même glace que celle des petits biscuits. 2. Je voulais qu'il fût en chocolat en dedans et il n'y en avait pas le plus petit soupçon... » Et cela pendant des pages ! Le prisonnier demeure ce grand seigneur autoritaire et gourmand, qui ne souffre aucune contrariété pour ses petits caprices, y compris ses désirs sexuels, qui sont pour lui souverains.

Enfin, sa femme, après quatre années d'interdiction absolue, est autorisée à visiter son mari, qui lui a précisé par courrier qu'elle serait « bien baisée de partout ». Or, le 13 juillet 1781, la rencontre n'a pas lieu dans sa cellule, mais dans la salle, dite du Conseil, et en présence d'un commis de police. Autant dire qu'il ne peut rien se passer entre eux, ce qui n'empêche pas, le lendemain matin, le marquis de Sade de lui adresser une longue lettre d'amour, dans laquelle il souligne : « J'ai été bien content de tout ton petit être, et je t'ai bien examinée, car on examine bien ce qu'on aime. Je t'ai trouvée mieux que je ne t'avais laissée, rajeunie, plus grasse, mieux portante ; toujours cet air petite fille que j'aime tant... » Ces bonnes dispositions ne durent pourtant guère, puisque, au lendemain de ces retrouvailles, il se met en tête d'être jaloux, multipliant les scènes à l'endroit de la malheureuse Renée-Pélagie, pourtant la fidélité même, qui confie à une de ses amies : « Depuis que je l'ai vu, il me désole par mille chimères qu'il se met en tête. »

De qui est-il jaloux ? Tout à la fois de son secrétaire, Lefèvre, et de la marquise de Villette, cousine de Madame de Sade, qu'il accuse de saphisme parce qu'elle a proposé à Renée-Pélagie de venir vivre chez elle ! Sa femme doit désormais se justifier, jurer que sa vie est solitaire et nier tous ces désirs que son mari lui reproche, alors que de ce côté-là, lui-même n'est guère innocent. Mais Donatien est ainsi fait. Parce qu'il est homme, il peut tout se permettre et elle rien, non seulement parce qu'elle est une femme, mais *sa* femme, c'est-à-dire son souffre-douleur préféré, la douceur de son caractère faisant d'elle une victime désignée ! Véritable enfant gâté, il martyrise cette pauvre épouse, comme si elle était la cause de la situation où il s'est lui-même placé, alors qu'elle fait tout pour améliorer ses conditions de vie. Ne la sollicite-t-il pas pour obtenir provisions de bouche, linge, vêtements, livres, papier, encre, plumes, remèdes pour ses hémorroïdes chroniques, ses yeux, ses saignements de nez, ses problèmes gastriques ou intestinaux, dont sa correspondance donne le détail sans complaisance ni pudeur ? Ne va-t-il pas aussi lui demander un jour le portrait d'un joli garçon pour exciter ses envies ? Et elle, ne va-t-elle pas jusqu'à se brouiller avec sa mère, qui lui reproche de trop s'occuper de ce mari qu'elle a choisi elle-même et dont elle fut sans doute, jadis, amoureuse ? « Voilà », lui écrit-elle, « voilà, Mon bon Ami, le reste de tout ce que tu m'as demandé ; douze livres de bougie, un gilet de filoselle, un gilet de peluche, de soie, neuf paires de chaussons qui complètent la douzaine en couleur… » Tel est l'ordinaire de cette incessante correspondance, dans laquelle, parfois, se glissent des considérations plus intimes, surtout lorsqu'elle parle de leurs enfants : « Ma tendresse pour eux me ramène naturellement à toi, que j'aime de toute mon âme… Mon

Dieu ! Remonte-toi bien, tâche de dissiper tes chagrins et tes ennuis le plus qu'il est possible… »

Est-il reconnaissant ? Pas même ! Il formule d'incessants reproches, cherche querelle à son épouse et parfois même l'insulte, sans jamais lui faire perdre patience quand elle répond à ses reproches infondés : « Ce qui me désespère le plus, c'est que tu m'accuses de négligence et ces soupçons accroissent le trouble de mon âme et font mon chagrin, t'aimant véritablement plus que moi-même… Mon tendre Ami, je te demande en grâce de ne point te chagriner, de ne point te livrer à des idées noires, de te bien soigner, de croire que je ne te cache rien, que je t'aime par-dessus tout, que je fais tout au monde pour ta liberté… Mon bonheur ne peut exister sans toi ni sans le tien, et le jour où l'on nous rendra l'un à l'autre, je crois que je mourrai de joie. Puisse-t-il arriver bientôt !… Ta façon de penser m'atterre, m'anéantit, m'humilie, moi qui ne vis et n'existe que pour toi… Non, il n'est pas possible que me connaissant comme tu dois me connaître, tu penses ce que tu écris. » Ou enfin : « Si tu es capable de me poignarder, ce serait dans ces circonstances, un grand bonheur pour moi de ne plus exister », à quoi il note en marge : « Quelle platitude ! Quelle platitude ! »

Alternant les reproches envers celle qu'il appelle parfois « une gueuse sans honneur et sans pudeur », voire « porc frais de mes pensées », et les déclarations d'amour à sa « Lolotte, [son] toutou, [son] ange, [son] petit chou, [sa] tourterelle », puisque c'est ainsi qu'il la surnomme lorsqu'il est bien luné, Donatien ne cesse d'adresser de nouvelles requêtes à son épouse : chaussons, mouchoirs, bonnets, peignoir et robe de chambre, pots de confiture, bougies, eau de Cologne, vins de qualité et corbeilles de fruits de saison, pour son confort, son hygiène et l'amélioration de sa nourriture. Et ce, sans compter ces commandes plus spécifiquement sadiennes que sont ces objets qu'il lui demande de faire fabriquer spécialement pour lui, malgré la gêne qu'elle éprouve devant les artisans du faubourg Saint-Antoine requis à cet effet, ne dissimulant pas leur ironie et, parfois même, leurs sarcasmes. De quoi s'agit-il ? Censés lui permettre, officiellement, de rouler ses manuscrits, en fait, ces ustensiles l'assistent dans ses pratiques masturbatoires ou cet irrépressible désir de s'auto-pénétrer lui-même, puisqu'il n'a toujours pas renoncé à satisfaire son besoin de sodomie.

L'incarcération, en effet, l'écarte, pendant des années, de toute sexualité, ce qui ne fait qu'exciter l'imagination de cet homme encore jeune et dans la force de l'âge, contraint de chercher des compensations, tout en accentuant sa libido d'écriture, comme le reconnaît son épouse, lucide, écrivant à une de ses correspondantes : « Voilà pourquoi je vous dis que la prison est mauvaise, parce que la solitude donnant plus de force aux idées, le dérangement qui est la suite de cette force en devient infiniment plus prompt et plus certain. » Il en résulte ces commandes « spéciales », dont elle aimerait être dispensée, d'autant que la plupart du temps, les objets réalisés ne lui conviennent pas, pas assez grands, gros ou longs. Il ne s'en accommode pas moins, allant jusqu'à comptabiliser, quotidiennement, le nombre de ses introductions ! « Bonsoir, lui écrit-il un jour, allez bien croquer votre petit Bon Dieu et assassiner vos parents. Moi je m'en vais me branler le vit, et je croirai, je vous assure, après avoir bien moins fait de mal que vous. »

Épuisée par les reproches, voire parfois les coups de son mari au cours de ses visites à Vincennes, ce qui conduit le lieutenant général de police à les suspendre, Renée-Pélagie finit par se retirer du monde et prendre ses quartiers au couvent de Sainte-Aure, rue Neuve-Sainte-Geneviève, à côté de l'actuel Panthéon. Là, elle mène désormais une existence totalement retirée, s'occupant peu de ses trois enfants confiés surtout aux bons soins de sa mère. Ce destin rappelle clairement celui de sa belle-mère, la mère de Donatien. Les Sade, par leurs frasques, semblent pousser leurs épouses à se couper du monde. Tant que le marquis restera en prison, il le sait, elle veillera sur lui ; mais du jour où il n'y sera plus, et cela, il ne le sait pas, elle rompra toute attache avec lui ! Quant à ses enfants, on leur raconte que leur père est parti pour un très long voyage, dont on ne sait quand il reviendra.

Dans les lettres à sa femme, il les appelle pourtant « les trois infâmes marmots ». Il faut plutôt voir là un excès de style motivé par sa frustration de ne pouvoir exercer son autorité de père, voire son affection. En attendant, un conseil de famille, constatant son absence depuis de nombreuses années, le décharge de la gestion de ses biens de Provence, dans l'intérêt de ses enfants, dont il faut bien assurer l'éducation et leur prochaine entrée dans le monde. Devenu de plus en plus agressif avec les années, Donatien se querelle avec le porte-clefs, qu'il va souvent jusqu'à frapper, insulte les officiers, injurie les autres détenus quand il les croise, en particulier son lointain parent Honoré-Gabriel de Riqueti, comte de Mirabeau, autre Provençal débauché et contestataire, mais dans les limites de la bienséance des mœurs de l'époque. Sade, après avoir traité le futur tribun de la Révolution de « giton du gouverneur », le somme de lui donner son nom, puisqu'il l'ignore encore, et s'entend répondre : « Mon nom est celui d'un homme d'honneur qui n'a jamais disséqué ni empoisonné de femmes, qui vous l'écrira volontiers sur les épaules avec sa lame, si vous n'êtes pas roué avant qu'il le puisse. » La réputation de Donatien n'était donc pas inconnue à celui que ses amis surnommeront bientôt « le flambeau de la Provence », pour le différencier de Robespierre, « la chandelle d'Arras ». Reste que l'objet de sa haine phobique est le gouverneur de Vincennes, Monsieur de Rougemont, qu'il poursuit de ses railleries, et qui lui inspire cette épitaphe composée pour sa mort qu'il espère prochaine et écrit à même le mur de sa cellule :

Ci-gît le geôlier de Vincennes,
Petit, vilain, cocu, hargneux,
Qui fit ses délices des peines
Et des larmes des malheureux.

La terre en entier le réclame,
Passant, tu vois tout ici-bas :
Ne t'informe pas de son âme,
Car ce jean-foutre n'en a pas...

Mais son pire ennemi demeure sans doute ce Dieu, qu'il poursuit de sa haine chronique, lui reprochant sans doute de l'avoir conduit là :

Quel est-il en effet ce fantôme exécrable,
Ce jean-foutre de Dieu, cet être épouvantable
Que rien n'offre aux regards ni ne montre à l'esprit
Que l'insensé redoute et dont le sage rit
Que rien ne peint aux sens, que nul ne peut comprendre...

Désormais, il paraît évident à tous que le marquis de Sade est totalement *persona non grata* dans la société, même si la condition des reclus s'améliore quelque peu sous le ministère de Malesherbes. Au reste, conserve-t-il encore sa raison, se demande sa femme, lorsqu'elle reçoit, dans une lettre, la nomenclature d'une comptabilité allant jusqu'à l'absurde : « Aujourd'hui, 14 décembre 1780, le 1 400e jour, la 200e semaine et l'échéance du 46e mois que nous sommes séparés, ayant reçu de toi 68 provisions de quinzaines et 100 lettres et celle-ci étant de moi la 114e » ?

De toute manière, il est bientôt temps de partir puisque, au mois de février 1784, la prison de Vincennes est supprimée, faute d'effectifs suffisants, le nombre de captifs étant tombé à trois. Trois nobles, faut-il le préciser : le comte de Malleville, le comte de Whyte et le marquis de Sade. En conséquence, le 29 de ce même mois, ces derniers sont transférés à la Bastille située à une lieue, à peine, plus à l'ouest, chacun dans une voiture différente. Le voyage leur donne l'occasion, pendant une heure ou deux, de contempler les rues de Paris et ceux qui les peuplent, après tant d'années de réclusion sans avoir vu autre chose que des soldats. Donatien ne se prive pas du plaisir de contempler les visages féminins des paysannes vaquant à leurs occupations, des petites mendiantes traînant dans les rues ou des ouvrières s'en allant vers les manufactures.

Au terme de multiples difficultés occasionnées par ces embarras de Paris qui, depuis Boileau, n'ont pas évolué, le volume des carrosses, charrettes ou voitures de places empêchant la fluidité de la circulation, le petit cortège arrive enfin au pied de la forteresse. L'énorme masse domine tout le faubourg Saint-Antoine, à l'extrémité du quartier du Marais, à l'heure où débute une journée semblable à toutes les autres, où les ménagères s'en vont au marché et les ouvriers vers leur chantier. Chacun tente d'éviter les détritus qui jonchent le sol, et nul ne prête plus attention à cette formidable masse de pierre, qu'il est question de détruire bientôt, pour permettre la réalisation d'une de ces grandes places royales émaillant l'histoire de Paris, et dont l'esprit des Lumières espère la création rapide. Cette création, cependant, est sans cesse remise à plus tard en raison des problèmes financiers récurrents dont ne cesse de souffrir la Couronne de France, la plus brillante d'Europe, certes, mais aussi la plus mal gérée.

En attendant, la Bastille, malgré le faible contingent de prisonniers – quelques fous, un fils de famille aux mœurs, dit-on, dissolues, deux ou trois faussaires et bientôt le marquis de Sade – constitue, dans Paris, une microsociété, avec ses règles particulières. Donatien est enfermé au deuxième, puis au sixième étage de ce que, par ironie, on appelle ici « la tour de la Liberté », ce qui ne le réjouit pas. S'étant, en effet, habitué à Vincennes, il n'a de cesse de protester contre son transfert dans une chambre plus petite chauffée par un poêle qui l'incommode. On l'autorise bientôt à l'aménager selon ses goûts – grâce à l'inépuisable bonne volonté de Madame de Sade, sollicitant les ébénistes, les tapissiers et tous les fournisseurs possibles. Il rassemblera les meubles de son choix et surtout, son abondante bibliothèque, qui va bientôt compter près de six cents volumes.

Il doit cependant subir un aspect du règlement qui l'horrifie : l'obligation de balayer lui-même sa chambre, ce que « le très Haut et très Puissant Seigneur », comte et marquis de Sade, seigneur de La Coste, Mazan et Saumane, considère comme un affront, ou mieux, une brimade quotidienne. Cela a pour effet d'accentuer son désarroi et, par là même, son agressivité. Comment accepter en effet de devoir se contenter d'une cellule de 20 m^2, alors qu'il possède trois châteaux, abandonnés à leur triste sort, faute d'être occupés par leur légitime propriétaire, et assez vastes pour abriter plus de cent chevaliers, comme le dira du Combourg de son enfance un autre aristocrate, le vicomte de Chateaubriand, appelé, lui aussi, à la célébrité dans le domaine des lettres.

Espère-t-il les revoir un jour ? Et, avec eux, le ciel bleu de Provence, la garrigue où chantent les cigales, et sa belle ville d'Avignon ? Ou est-il condamné à finir ses jours reclus derrière ces murailles d'un autre âge, que les philosophes dénoncent chaque jour, comme symbole du despotisme, avec l'arbitraire des lettres de cachet que le marquis de Breteuil et Louis XVI envisagent justement d'abolir ? Sade vit les dernières heures de l'Ancien Régime, dans un monument totalement inadapté à son époque. Cette réclusion va faire de lui un philosophe à part entière, au sens du siècle des Lumières. La Bastille reflète totalement ses fantasmes. Non seulement il va y écrire ses premiers livres, mais encore son décor est à l'image de l'univers sadien le plus abouti : l'immense et sinistre forteresse dans laquelle le vice s'épanouit en dehors du monde.

Comment elle l'a tant aimé. L'extraordinaire amour épistolaire d'une épouse dévouée : « Mon cœur n'a pas changé : il t'adorera toujours. La seule vengeance que je te garde est à ta sortie, de te faire convenir après toutes vérifications et informations, que tout ce qui t'a passé par la tête pendant ta détention sont des extravagances des plus pommées. »

Donjon et dragon. Le donjon, c'est celui de Vincennes, le dragon, le marquis de Sade que sa détention rend volcanique, que l'enfermement rend furieux. À ses côtés, la fée bienfaitrice, Renée-Pélagie Cordier de Montreuil, sa femme amoureuse, son épouse admirable, son perpétuel soutien.

C'est à Vincennes, en 1777, que s'ouvre une correspondance révélatrice du grand amour de Madame de Sade pour son mari. Cet amour est riche en illustrations, chaque lettre indiquant d'une manière ou d'une autre combien elle l'a tant aimé. Par exemple celle-ci où la marquise évoque sa préférence parmi ses enfants pour son cadet « doux et poli » afin de montrer encore plus à son mari combien elle l'adore : « Je l'embrasse, dit-elle, doublement à cause de la ressemblance qu'il a avec toi. » Bien sûr cet amour a un but, la délivrance de son mari : « Sois bien convaincu que je ne tarderai pas pour t'instruire de ce qu'il y a de nouveau sur ta situation dès que je le pourrai. J'ai trop à cœur de te prouver tout mon attachement et toute ma tendresse pour rien négliger d'aucune manière ce qui te regarde. La longueur du temps déjà écoulé me tue et me désespère autant que toi parce que je partage ta position avec toute la sensibilité d'un cœur qui ne peut exister que par ton bonheur. »

Il n'y a pas que l'amour dans ses lettres, il y a aussi l'attendrissement, comme le prouve ce courrier daté du 17 mai : « Prends courage, mon bon petit, ne te laisse point aller au découragement, crois que la fin de tout ceci sera heureuse. » Mais le bon petit n'est pas toujours facile. La marquise lui a fait parvenir de la pâte de guimauve et du savon de violette, mais ce dernier rechigne. Elle ne s'en offusque pas et lui répond avec une infinie patience : « Tu auras, mon petit, tout ce que tu m'as demandé, lundi au plus tard. Marque-moi si tu n'as pas besoin ou envie d'autre chose. Si tu savais combien les petits mots de toi me font plaisir, tu ne me les rendrais pas si rares. Écris-moi, je t'en conjure, le plus souvent possible, car je te le répète, je n'ai que cette seule consolation dans le monde. Crois bien que je t'adore toujours autant, avec la même violence. »

Le 4 mars 1778, elle le rassure encore : « Mon bon ami, doutes-tu toujours de mon affection ? Doutes-tu que s'il était en mon pouvoir, j'abandonnerais ma situation ? Doutes-tu enfin que je travaille à notre réunion pour l'accélérer le plus tôt possible ? Réponds-moi, c'est double peine pour moi d'être privée de tes lettres. Es-tu content de ce que je t'ai envoyé ? Veux-tu autre chose ? Si tu savais la joie que j'éprouve lorsque je prépare ta petite corbeille, tu me mettrais plus souvent à même de m'en acquitter. Je suis toujours et serai, tant qu'il me restera un souffle de vie, tout âme et tout cœur pour toi. »

Un jour, replié sur lui-même, soudainement saisi d'une jalousie injuste – il soupçonne maintenant sa femme de s'être laissé séduire par son teinturier –, il exige qu'elle cesse toute relation avec lui. Elle répond : « Je ne verrai plus qui te déplaît. Veux-tu que je me mette dans un couvent ? Mon choix serait bientôt fait si l'on me permettait de m'enfermer avec toi. » L'esprit du marquis ne cesse pourtant de s'échauffer. Comme dans son œuvre, voilà que les fantasmes dépassent et effacent la réalité. Il imagine son épouse comme la perverse héroïne d'un roman monstrueux. Il l'insulte par écrit et n'a de cesse de la salir de ses expressions ordurières. Voilà comment elle lui répond : « … Me voir soupçonnée et avilie ! Je me tais, mais vous faites une plaie à mon cœur. Pourtant il ne se refermera jamais. Je n'ai pas à me justifier, ma conduite est au su et au vu de tout le monde… » C'est alors qu'elle prend la décision de se retirer dans un couvent, tout en continuant à lui rendre visite à Vincennes. Égaré par sa jalousie, poursuivi par sa folie, lors d'une de ses visites, il va se précipiter sur sa femme pour la frapper avec acharnement. Hébétée, elle se retire, résignée, et lorsqu'elle lui écrit pour se plaindre de sa conduite, c'est encore pour lui exprimer sa soumission et son amour : « Mon cœur n'a pas changé : il t'adore et t'adorera toujours. La seule vengeance que je te garde est, à ta sortie, de te faire convenir après toutes vérifications et informations, que tout ce qui t'a passé par la tête pendant ta détention sont des extravagances des plus pommées. »

N'allons pas croire pourtant qu'il ne n'a pas aimée. La façon dont il lui écrit, les mots tendres qui se succèdent, les appellations pleines d'amour qu'il invente pour la qualifier en sont la plus belle preuve : ma « charmante créature », « ma lolotte », « mon petit toutou », « jouissance de Mahomet », « ma petite mère », « doux émail de mes yeux », « vaisseaux sanguins de mon cœur », « étoile de Vénus », « âme de mon âme », « miroir de beauté », « aiguillon de mes nerfs », « image de la divinité », « dix-septième planète de l'espace »... Celle qui éveillait en lui les plus délicieuses appellations : « quintessence de la virginité », « écoulements des esprits angéliques », « symbole de pudeur », « miracle de la nature », « colombe de Vénus », « rose échappée du sein des Grâces », « mon fanfan », « favorite de Minerve », « ambroisie de l'Olympe », « charme des yeux », « flambeau de ma vie ».

10

L'HÔTE DE LA BASTILLE

> « Il est très doux de scandaliser ; il existe là un petit triomphe pour l'orgueil qui n'est nullement à dédaigner. »
>
> Sade

À la Bastille, une nuit du mois d'octobre de l'année 1785, le silence est total, à l'heure où chacun dort, dans l'immense forteresse enveloppée de pénombre. Pourtant, dans une cellule des étages supérieurs, un homme ne parvient pas à trouver le sommeil. Couché dans son lit aux rideaux de serge verte, il se tourne et se retourne, tentant de voir, à travers l'ombre gigantesque des barreaux de la fenêtre, la lumière que la lune dessine sur le mur. Face à lui, commencent à se mouvoir des silhouettes nées dans son imagination qui à la fois l'oppressent et l'attirent.

Dans une salle voûtée – cave, chapitre, forteresse, prison ? – des instruments de supplice décorent les murs – fouets, martinets, cordes. Le feu brûlant dans une vaste cheminée éclaire également des objets religieux, des crucifix en particulier. Dans ce lieu sépulcral, hommes et femmes, totalement nus, se livrent à des ébats frénétiques, à deux, trois, quatre ou plus, leurs mains, leurs bouches, leurs sexes se mêlant à foison. Femmes et hommes, femmes et femmes, hommes et hommes, s'occupent ensemble à se pénétrer, dans une recherche obsessionnelle de la jouissance ou d'un orgasme intégral que renforcent les pratiques coprophagiques. Le ton est donné : « Là, tout le monde sera nu, épouses, jeunes filles, jeunes garçons, vieilles, fouteurs amis, tout sera pêle-mêle, tout sera vautré sur des carreaux, par terre, et à l'exemple des animaux, on changera, on se mêlera, on incestera, on adultérera, on sodomisera, et, toujours excepté les déflorations, on se livrera à tous les excès et à toutes les débauches qui pourront le mieux échauffer la tête. »

Certains des participants sont des magistrats, qu'on reconnaît à leur bonnet, d'autres des ecclésiastiques de haut rang, qu'on devine à leur mitre – ceux-là mêmes qui l'ont condamné pour ses mœurs, bien que, selon lui, les leurs sont pires ! –, d'autres sont des valets choisis pour leur robustesse ou leur virilité, comme ceux qui, jadis, participaient aux soirées du Régent, pour suppléer auprès des dames les courtisans fatigués. Ainsi les classes sociales se mélangent-elles dans la volupté des corps puisque leur nudité les rend désormais égales !

Dans ce lit d'hallucination, l'homme au souffle court d'obèse, suant sous sa courtepointe, las de se retourner, décide de se lever. À la lueur de sa chandelle vacillante, il commence à coucher sur le papier ces innombrables images hantant ses nuits de solitude, produits de tous ses rêves et de ses désirs refoulés, mais aussi de l'impossibilité où il est de pouvoir les satisfaire. En effet, d'une part il n'a personne, dans sa réclusion, qu'il puisse approcher et, d'autre part, il souffre désormais d'une maladie rendant l'orgasme douloureux, voire impossible, ce qui l'a conduit à remplacer ses longues séances de masturbation par une écriture de substitution qui, conforme à ses fantasmes, est de plus en plus particulière, hors norme et sans équivalent à ce jour. La description des scènes les plus crues, parfois les plus insoutenables, voire les plus intolérables, alterne avec les conversations philosophiques les plus abouties.

Quelques exemples de ces visions frénétiques : « Il fait branler six couples à la fois, dans une salle de glaces. Chaque couple est composé de deux filles se branlant dans des attitudes lubriques et variées. Il est au milieu du salon, regarde et les couples et leur répétition dans ses glaces, et décharge au milieu de cela, branlé par une vieille. » Ou encore : « Il passe trente femmes dans la journée, et les fait toutes chier dans sa bouche ; il mange l'étron de trois ou quatre des plus jolies. Il renouvelle cette partie-là cinq fois de la semaine, ce qu'il fait qu'il voit sept mille huit cents filles par an. »

Là est bien la spécificité de Sade, ce qui le différencie des écrits pornographiques, si nombreux, de ses contemporains, tel justement son meilleur ennemi, Mirabeau ou, plus tard, le jeune Saint-Just, mais qui n'en font pas la matière d'une permanente réflexion philosophique. Comme le chœur de Mozart, chantant dans *Don Giovanni*, « *Viva la libertà* », la démonstration sadienne – et non, au fond, « sadique », comme on le croit trop souvent – vise bien à cela, par le truchement du sexe, qui n'est, finalement, qu'un prétexte. Il le dit bien, du reste, dans le plus essentiel de ses livres : « Mais la philosophie, Justine, n'est point l'art de consoler les faibles ; elle n'a d'autre but que de donner de la justesse à l'esprit et d'en déraciner les préjugés. Je ne suis point consolant, moi, Justine, je suis vrai. »

En ce sens, cet écrivain carcéral incarne bien la face cachée des Lumières, ou tout au moins son côté obscur. Se considérant comme un des philosophes pleinement engagés dans ce mouvement – il en a du reste le style impeccable –, il apporte sa contribution à cette vaste réflexion qui agite les esprits et les consciences de cette France du début du règne de Louis XVI. Rien ne serait plus faux que de voir, en Sade, un écrivain pornographique. Il est surtout celui qui dénonce une morale officielle que nul ne respecte, à commencer par ceux qui, en principe, devraient en être les gardiens, les prêtres et les magistrats, ses bêtes noires, dont il fait, avec agressivité, mais souvent, aussi, avec humour, les anti-héros de sa plume corrosive, puissante et inventive.

Depuis qu'il est embastillé, Donatien s'est mis sérieusement à écrire, non plus seulement des lettres dans lesquelles il peste contre le monde entier, mais des textes infiniment plus denses, contes, nouvelles, romans ou pièces de théâtre. Il tente de conserver une cohérence intellectuelle dans cette interminable détention et d'exprimer tout ce que ressent, rêve ou fantasme ce reclus qui ne vit plus que pour la plume. C'est désormais l'essence d'une existence par procuration, totalement coupée du monde et livrée à son imaginaire. Ainsi illustre-t-il ce que Simone de Beauvoir a dit de lui : « En prison entre un homme, il en sort un écrivain. » Certes, il a déjà écrit, à Vincennes, son *Dialogue entre un prêtre et un moribond*, qui se veut une déclaration d'athéisme total, le plaçant dans le petit nombre de ceux qui, à cette époque, partagent avec lui cette conviction, Diderot, La Mettrie, d'Holbach, d'Helvétius, mais le manuscrit n'a pas été publié. « Prouve-moi l'inertie de la matière », y écrit-il avec une logique pénétrante, « et je t'accorderai le créateur, prouve-moi que la Nature ne se suffit pas à elle-même… Ton dieu est une machine que tu as fabriquée pour servir tes passions, et tu l'as fait mouvoir à leur gré, mais dès qu'elle gêne les miennes, trouve bon que je l'aie culbutée. Mon âme est ce qu'il a plu à la Nature qu'elle soit… Le résultat des organes qu'elle s'est plu à me former en raison de ses vues et de ses besoins ; et comme elle a un égal besoin de vices et de vertus, quand il lui a plu de me porter aux premiers, elle l'a fait, quand elle a voulu les secondes, elle m'en a inspiré les désirs, et je m'y suis livré tout de même. Ne cherche que ses lois pour unique cause à notre inconséquence humaine. » Avant d'être encore plus explicite : « Nous ne faisons aucun mal en nous livrant au vice. Pour le maintien de son équilibre, la nature a tantôt besoin de la vertu, tantôt du vice. Il lui faut une somme égale de l'un et de l'autre. » Tout est dit !

Bien décidé, cette fois, à s'en prendre aux puissances que sont la religion et la morale, il s'attelle donc, à présent, à la rédaction des *Cent Vingt Journées de Sodome ou l'École du libertinage*, sa première œuvre majeure, qu'il écrit, croit-on, en un mois, non pas sur des pages de papier, mais sur des feuillets collés les uns aux autres et recouverts, recto verso, d'une minuscule écriture, ensemble finissant par mesurer douze mètres. Il les dissimule du mieux qu'il peut, par peur d'une possible saisie, comme il en a subi par le passé. C'est le premier texte abouti du marquis de Sade et, comme tel, le plus fascinant, puisque, d'une part, le destin de ce manuscrit sera extraordinaire, et que, d'autre part, depuis cette année 1785, il n'a cessé de faire couler des litres d'encre, à commencer par la sienne, au prix de multiples heures de travail arrachées à sa pauvre vue qui, depuis qu'il est prisonnier, ne connaît que des déboires.

De quoi s'agit-il ? Du château de Silling – entendons la Bastille, mais aussi, par certains côtés, La Coste – dans lequel se retrouvent quatre libertins quinquagénaires, totalement dénués de morale, le duc de Blangis et son frère, l'évêque, le président Curval et le financier Durcet. Là, pendant quatre mois, ils disposent à leur guise de jeunes filles et jeunes garçons enlevés à leurs familles. Ces quatre personnages font le récit des six cents perversions qu'ils mettent aussitôt en pratique, tout au long de quatre cycles à l'issue desquels les enfants meurent dans d'horribles souffrances : le vestibule de l'enfer, le cercle des passions, le cercle de la merde, et le cercle du sang.

De cette œuvre, fondamentalement sadienne, qui le place d'emblée en marge de la littérature, il livre lui-même la substance dans sa préface : « C'est maintenant, ami lecteur, qu'il faut disposer ton cœur et ton esprit au récit le plus impur qui ait jamais été fait depuis que le monde existe, le pareil livre ne se rencontrant ni chez les anciens, ni chez les modernes. Imagine-toi que toute jouissance honnête ou prescrite par cette bête dont tu parles sans cesse sans la connaître et que tu appelles la nature, que ces jouissances, dis-je, seront expressément exclues de ce recueil et que lorsque tu les rencontreras par aventure, ce ne sera jamais qu'autant qu'elles seront accompagnées de quelque crime ou colorées de quelque infamie. »

Cette tâche accomplie, même si elle n'est pas tout à fait achevée, Sade, l'année suivante, s'attelle à un nouveau texte, *Aline et Valcour*, qu'il termine en 1786, avec, là encore, quelques-unes de ces formules chocs qui vont bientôt construire sa réputation sulfureuse : « Il est beaucoup moins drôle d'être vertueux que vicieux. Le vice amuse et la vertu fatigue ; or je crois que tout ce qui sert à nos plaisirs doit toujours l'emporter sur ce qui n'est bon qu'à nous donner des vapeurs. Le bonheur n'est que dans ce qui agite et il n'y a que le crime qui agite. » « Il faut tout sacrifier à la volupté. » Alternant les scènes les plus évocatrices et ses réflexions, il s'y révèle d'une extraordinaire modernité. En effet, non seulement y encourage-t-il l'homosexualité, le plaisir sexuel de la femme ou l'avortement – précurseur en cela des combats revendicatifs du XXe siècle –, mais encore perçoit-il l'intrinsèque besoin de certains hommes, les poussant à fantasmer sur ces pratiques qu'on qualifiera, après lui, de sadomasochistes, au nom d'une liberté qui veut que « celui qui a le droit de manger du fruit d'un arbre peut assurément le cueillir mûr ou vert, selon son goût. N'est-ce pas, au fond, au-delà des outrances, ce qu'on appelle la tolérance ? » La logique de ses textes renvoie l'homme au vertige de sa propre solitude, annonçant l'absurde et, parfois même, l'existentialisme encore à naître.

En 1787, il termine notamment *Justine ou les Malheurs de la vertu* ainsi que d'autres œuvres. En 1789, établissant le catalogue de ses écrits, il en compte quinze, ce qui montre l'importance du temps désormais consacré à l'écriture. Tout au long de ces pages, il continue de développer ses idées, tout en perfectionnant son style, comme si, au fond, la Bastille faisait chez lui office d'université. Tel ce morceau d'anticléricalisme si typiquement sadien : « À la volonté d'un prêtre, c'est-à-dire un gredin couvert de mensonges et de crimes, ce grand dieu, créateur de tout ce que nous voyons, s'abaissera jusqu'à descendre dix ou douze millions de fois par matinée dans un morceau de pâte qui, devant être digéré par les fidèles, va se transmuer bientôt, au fond de leurs entrailles, dans les excréments les plus vils, et cela pour la satisfaction de ce tendre fils, inventeur de cette impiété monstrueuse dans un souper de cabaret. Il a dit, il faut que cela soit ; il a dit : Ce pain que vous voyez sera ma chair, vous le digérerez comme tel. Or je suis dieu, donc dieu sera digéré par vous. Donc le créateur du ciel et de la terre se changera en merde, parce que je l'ai dit et l'homme mangera et chiera son dieu. »

Cependant, bien que n'ayant aucune idée du grand bouleversement qui se prépare, il ne supporte plus cette Bastille dans laquelle il se trouve depuis bientôt cinq longues, trop longues années. Ainsi, le 2 juillet 1789, commet-il la plus incroyable des erreurs tactiques et même, dans un certain sens, historiques. Ce matin-là, en effet, il apprend, vers midi, qu'en raison de menaces de troubles dans Paris, l'effectif de la garnison est renforcé, et, par mesure de prudence, la promenade quotidienne des prisonniers interdite. Fou de colère, il se saisit du long tuyau destiné à évacuer les eaux usées de sa cellule et s'en fait un porte-voix pour ameuter les passants, auxquels il hurle : « Peuple, on égorge les prisonniers. Viens à leur secours. » Aussitôt se forme un de ces attroupements auxquels on est de plus en plus habitué. Depuis que les états généraux se sont réunis à Versailles il y a quelques semaines, un climat nouveau règne en effet désormais en France, et plus particulièrement à Paris.

Aussitôt maîtrisé, Sade est assigné dans sa cellule jusqu'à ce que, réveillé en pleine nuit, il soit transféré à l'hospice de Charenton, « nu comme un ver », sans pouvoir rien emporter de son mobilier, de ses livres et vêtements, sur décision du gouverneur de Launay, bien décidé à se débarrasser de « cet homme que rien ne peut réduire ». Or, douze jours plus tard, alors qu'il se morfond à Saint-Maurice, le 14 juillet 1789, se produit l'événement le plus extraordinairement imprévisible de ce qu'on commence à appeler la Révolution : la prise de la Bastille par le peuple de Paris qui, non seulement libère ses prisonniers, mais encore assassine le gouverneur de Launay, dont la tête, portée sur une pique, offre une image toute *sadienne*.

Imagine-t-on Sade témoin de la scène ? Sade porté en triomphe, applaudi et célébré dans les rues de Paris, comme victime de l'arbitraire ! Non seulement son impétuosité l'a privé d'une telle libération, mais elle va lui coûter la perte de ses rares possessions : la forteresse étant envahie et pillée, tout ce qui garnit sa chambre, ou presque, est détruit ou éparpillé, livres, meubles, portraits des siens et surtout manuscrits, parmi lesquels celui des *Cent Vingt Journées de Sodome*, qu'il va croire perdu à jamais. Ce désastre lui fait verser des « larmes de sang », selon sa propre expression, dans une lettre à son homme d'affaires Gaufridy, à qui il précise : « On retrouve des lits, des tables, des chaises, mais on ne retrouve pas des idées ! » Et pourtant, tout étant chez lui paradoxal, cet immense malheur se double d'un immense bonheur : l'annonce de sa prochaine libération, en vertu d'une des mesures des états généraux désormais constitués en Assemblée nationale : l'abolition des lettres de cachet et, par là même, l'élargissement de ceux qui en étaient les victimes !

Cette Révolution va-t-elle enfin lui permettre d'être ce qu'il a toujours été, changeant les règles qui, jusque-là, l'ont opprimé ? Cette Révolution va-t-elle enfin renverser ces lois d'une société aux abois, qu'il n'a jamais cessé de dénoncer ? Il le croit, fasciné par le vaste chamboulement dans lequel il voit le complément politique à ce dérèglement des sens qu'il préconise depuis tant d'années. Aujourd'hui, ses désirs semblent pourtant bien éteints, ce qu'il reconnaît lui-même : « Plus de plaisirs impurs, plus rien d'hétérogène. Tout cela me dégoûte à présent, autant que cela m'embrasait autrefois. »

Bientôt nanti du plus beau certificat de civisme au regard de la Révolution, ses années de réclusion à Saumur, à Pierre-Encise, à Miolans, à Vincennes et à la Bastille – « ce monument d'horreur», comme il la définit lui-même –, le marquis de Sade va pouvoir continuer à pécher, mais seulement par l'écriture, moyen bien plus puissant et efficace que les excès d'une vie que son âge et sa santé ne lui permettent plus d'assouvir.

Serré entre deux pierres d'une cellule de la Bastille, caché, volé, racheté et toujours désiré : le manuscrit au destin fou des *Cent Vingt Journées de Sodome*...

Parfois les manuscrits ont une vie au moins aussi folle que celle de leurs auteurs. C'est le cas de celui des *Cent Vingt Journées de Sodome*, peut-être l'œuvre la plus extrême du marquis de Sade. Elle met en scène quatre hommes de quarante-cinq à soixante ans, « dont la fortune immense est le produit du meurtre et de la concussion ». Ils ont décidé de satisfaire tous leurs fantasmes avec quarante-deux filles et garçons mis à leur disposition. Quatre hommes qui, dans un château de la Forêt Noire, vont pendant quatre mois aller jusqu'au bout de leurs figures érotiques et de leur fantaisie scélérate, de l'humiliation au viol et de la torture au meurtre. Un texte hallucinant et un peu fatigant à la longue que ces *Cent Vingt Journées de Sodome*, puisque sa lecture a même lassé un certain Georges Bataille. Pour se mettre au parfum, rien de mieux qu'une petite citation : « Il encule un cygne en lui mettant une hostie dans le cul, et il étrangle lui-même l'animal en déchargeant. »

C'est pour le punir des sévices qu'il a infligés à plusieurs jeunes femmes que le marquis de Sade a été emprisonné à Vincennes en 1777, puis enfermé à la Bastille. Au lieu de croupir dans sa cellule, le prisonnier décide au bout d'un certain temps de se mettre à écrire. Il pratique l'évasion par l'esprit. Sa plume courant sur les feuillets lui apporte une bouffée de liberté. Ainsi a-t-il l'impression que, par une transmutation magique, il va pouvoir, avec sa plume légère, briser ses lourdes chaînes. Mais, comme toujours dans les conditions difficiles, les contraintes matérielles vont le conduire à une ingéniosité inattendue qui lui permettra de résoudre les obstacles du format. En effet, incarcéré, il n'a qu'une crainte : qu'on sache à quelle œuvre il s'adonne, et qu'une peur : qu'on lui confisque ses pages de brouillon. Il décide donc, comme Léonard de Vinci, d'écrire avec la calligraphie la plus fine sur des morceaux de papier grands comme la main, à peu près de la même dimension que celle des codex du maître toscan.

Chaque jour, il se livre à l'écriture pendant trois à quatre heures avant de coller un à un ces folios qui composent un rouleau d'une douzaine de mètres. C'est de cette manière qu'il va pouvoir cacher entre les pierres de sa prison ce texte détonant. Dans ce manuscrit, il va mettre toute sa chair. Quand il quittera la prison, ce sera comme s'il y laissait, scellé dans le mur sombre, un lambeau de sa propre peau.

Exfiltré de la forteresse, le marquis de Sade supplie son épouse de s'y rendre pour récupérer son dernier manuscrit. Elle qui n'est que dévouement et amour, souhaitant encore lui faire plaisir, pense pouvoir remplir cette mission dès le lendemain. Hélas, le jour d'après, la révolte gronde déjà et Paris est en ébullition. La marquise de Sade est dans l'incapacité d'accéder à la Bastille assiégée. Sade ne s'en relèvera jamais, persuadé que le manuscrit des *Cent Vingt Journées de Sodome* a été détruit au moment où la Bastille a été abattue par la fureur du peuple. Et qu'y a-t-il de pire pour un écrivain que de savoir son manuscrit anéanti ? Sade confesse en avoir pleuré des « larmes de sang ». Il ne pouvait savoir que son objet aimé avait échappé à la tourmente révolutionnaire. Sa longue migration avait déjà commencé.

Dans un article du *Monde* du 29 septembre 2012, Nathaniel Herzberg raconte sur une page entière la totalité du voyage du manuscrit des *Cent Vingt Journées de Sodome* : comment lors de l'assaut de la forteresse, c'est Arnoux de Saint-Maximin qui s'est emparé du rouleau qu'il a ensuite vendu au marquis de Villeneuve-Trans ; comment le manuscrit est demeuré durant trois générations dans cette famille avant d'être vendu en l'an 1900 à Iwan Bloch, le psychiatre allemand, inventeur de la sexologie, qui fera éditer ce texte quatre ans plus tard sous le pseudonyme d'Eugen Dühren ; comment un quart de siècle plus tard, le vicomte Charles de Noailles donnera mandat à Maurice Heine pour racheter le légendaire rouleau et comment après l'avoir acquis, il lui demandera de l'analyser et de le publier. Éditeur, écrivain et journaliste, Heine s'acquitte de cette mission. Et voilà qu'entre 1931 et 1935 cette version de référence va être réservée aux bibliophiles souscripteurs, échappant ainsi à la censure.

Dans son article du *Monde*, Nathaniel Herzberg a aussi le grand mérite de nous restituer dans ses entrelacs cette ténébreuse affaire avec exactitude, mais aussi de nous éclairer sur ses développements.

« Mécènes, Charles et Marie-Laure n'ont peur ni du risque ni du scandale. En 1930, n'ont-ils pas produit L'Age d'or, de Luis Buñuel et Salvador Dali, déclenchant l'une des plus formidables polémiques de l'histoire du cinéma ? Qui plus est, Marie-Laure, née Bischoffsheim, se trouve apparentée au Divin Marquis. A défaut de nouvelle famille, le précieux manuscrit a trouvé un nouveau refuge.

À la mort des époux, c'est leur seconde fille, Nathalie, qui en hérite. En 1982, elle confie le texte à un ami, l'éditeur

Jean Grouet, qui souhaite l'étudier, de même que la partition originale des Noces de Stravinsky. Quelques mois plus tard, et à sa demande, il lui restitue le coffret. La légende – encore une – évoque un écrin de forme phallique. Il n'en est rien. L'étui en cuir présente la forme banale d'un parallélépipède. Surtout, il est vide. Jean Grouet a vendu le rouleau le 17 décembre, pour 300 000 francs, au Suisse Gérard Nordmann.

Encore un personnage hors norme. Héritier d'une grande chaîne de supermarchés, en Suisse mais aussi en France (il possède alors le Printemps), Gérard Nordmann est un collectionneur multicarte. Avec, par-dessus tout, une passion : les curiosa, autrement dit les objets, représentations ou manuscrits érotiques. Dans cette catégorie, il est inégalé.

En 2004, après sa mort, l'exposition de sa collection à la Fondation Bodmer constituera un événement mondial.

À la suite de la découverte du vol, le fils de Nathalie de Noailles, Carlo Perrone, contacte le passionné suisse. « Je lui ai proposé de le dédommager intégralement, raconte-t-il. Il m'a répondu que c'était la plus belle pièce de sa collection, qu'il l'avait acquise légalement et qu'il n'était pas question qu'il s'en sépare. »

Légalement… Pendant quinze ans, de part et d'autre des Alpes, les tribunaux vont examiner le sujet. Pour la France, la Cour de cassation tranche en juin 1990 : l'œuvre a bel et bien été volée, écrit-elle, et doit être restituée à ses propriétaires légitimes, la famille de Noailles. En Suisse, le tribunal fédéral, qui clôt la procédure en mai 1998, est d'un tout autre avis : pour la haute juridiction helvétique, Gérard Nordmann a acquis le document auprès d'un proche de Mme de Noailles, contacté par l'intermédiaire d'un libraire parisien irréprochable, au prix du marché et en payant par chèque. Sa « bonne foi » est donc constituée.

Depuis lors, la situation était gelée. En Suisse, le rouleau pouvait circuler librement, d'où sa présentation à Coligny, sur les bords du Léman, lors de l'exposition de 2004. Mais qu'il passât la frontière et la pièce aurait été saisie et restituée à Carlo Perrone.

Situation insupportable pour le fils de Nathalie de Noailles, patron de presse en Italie, mais aussi pour les héritiers de Gérard Nordmann, qui, ne partageant pas la passion paternelle, souhaitaient vendre. Ils disposaient même d'un acheteur. Gérard Lhéritier, collectionneur et créateur du Musée des lettres et manuscrits, à Paris, avait offert 4 millions d'euros pour le joyau. Avant de conclure la vente, au début de l'année, son avocat a toutefois contacté Carlo Perrone, pour connaître ses intentions. « Il m'a dit qu'il le ferait saisir, j'ai donc renoncé », regrette le collectionneur, qui ne « désespère pas » de l'exposer un jour dans son musée.

C'est pourtant une autre solution qui se dessine. Et une autre destination : la BNF. Début juillet, son président, Bruno Racine, a fait adopter, par la Commission des trésors nationaux, le « voeu » d'un « retour en France du manuscrit en vue de son entrée future dans le patrimoine national ». Manière d'annoncer que le document pourrait être classé trésor national et bénéficier des avantages fiscaux offerts aux mécènes qui soutiendraient son acquisition. »

Que dirait le marquis de Sade de la folle destinée de son manuscrit roulé s'il apprenait d'abord que son œuvre chérie n'a pas été perdue, mais bien plus, que la BNF rêve des *Cent Vingt Journées de Sodome* pour en faire un trésor national du patrimoine, elle qui a déjà acquis en 2010 pour la somme de 7,25 millions d'euros le manuscrit de Casanova, *Histoire de ma vie* ? Gérard Lhéritier et son Musée des lettres et des manuscrits qui possède déjà de nombreuses œuvres autographes du Marquis de Sade, partenaire régulier de la BNF, serait également intéressé à ce que le document réintègre le territoire national. Il s'en est porté acquéreur.

11

AU CŒUR DE LA RÉVOLUTION

> « Ma détention nationale, la guillotine sous les yeux, m'a fait cent fois plus de mal que ne m'en avaient fait toutes les bastilles nationales. »
>
> Sade

Le 2 avril 1790, à Saint-Maurice, un quinquagénaire assez lourd quitte l'hospice de Charenton, appuyé à chacun de ses bras par deux jeunes hommes de mise élégante, avec leurs bas de soie, leur culotte couleur puce, leur gilet de nankin et leur veste vert olive, à la mode du jour. En ce début d'après-midi, tous trois sacrifient aux larmes traditionnelles de leurs retrouvailles, avant de grimper dans le fiacre qui les attend à l'entrée de la propriété. Ce début de printemps semble vibrer d'un air de fête, conforme à cette deuxième année de Révolution où les Français fraternisent au rythme des réformes, une par jour, et de cet extraordinaire moment où la France de l'Ancien Régime devient un État de droit, dans lequel les libertés individuelles sont désormais garanties.

À voir ces trois personnages maîtrisant mal leur émotion, on se croirait dans un de ces tableaux de Greuze qui, naguère, plaisaient tant à Diderot et, avec lui, au public sevré de Jean-

Jacques Rousseau ou de Bernardin de Saint-Pierre, avec leur cortège de bons sentiments. Sauf que là, il ne s'agit pas du « fils prodigue » mais plutôt du « père prodigue », par une amusante inversion des rôles. Ces trois hommes sont en effet, le premier, Donatien de Sade, fortement engraissé, le regard un peu perdu en raison de ses troubles de vue et la démarche désormais hésitante, les autres ses fils Louis-Marie et Claude-Armand de Sade. Le voilà nanti de ce titre de père auquel il est si peu habitué, comme il l'est de la présence de ces deux grands gaillards qu'il a du mal à reconnaître puisqu'il ne les a pas revus depuis leur petite enfance.

C'est en effet seulement quelques jours plus tôt que Louis-Marie et Claude-Armand ont appris que leur père n'était pas en voyage, mais en prison. Ils ont alors tenu à venir lui annoncer eux-mêmes la loi supprimant les lettres de cachet, après avoir, semble-t-il, obtenu l'autorisation de leur mère et, plus encore, de leur grand-mère, sans doute inquiète de voir sortir ce gendre qu'elle hait au-delà de toute mesure. Mais comment peut-elle s'opposer à ce qui est la volonté de la Nation ?

Libre ! Quelque peu titubant sous le coup d'une telle annonce, le marquis de Sade, au lendemain de ces treize années de détention, n'en croit pas ses yeux et ses oreilles. C'est, pour son demi-siècle, le plus beau des cadeaux d'anniversaire qu'on lui ait jamais fait et qu'on ne lui fera jamais ! Aussitôt, il tente de reprendre contact avec sa femme, mais celle-ci, estimant que désormais il n'a plus besoin d'elle et qu'elle a suffisamment fait son devoir, et même plus, refuse de le revoir. Elle n'entend nullement quitter le couvent où elle a ses habitudes et n'a aucune envie de reprendre la vie commune avec ce singulier mari, pour lequel elle éprouve certes une compassion d'épouse chrétienne, mais plus aucun sentiment.

Il est libre ? Tant mieux pour lui, mais qu'il vive sa liberté tout seul ! Épuisée par ses exigences tout au long de ces années, effarée de constater que, malgré les épreuves, il refuse toujours de croire en Dieu et de faire son salut, terrorisée à l'idée qu'il puisse recommencer ses frasques d'antan – encore que là, elle se trompe – et voulant aussi préserver les intérêts financiers de ses trois enfants, qui devront bientôt s'établir, elle préfère rompre, ce qui, d'une certaine façon, est une décision de sagesse.

En apprenant une telle nouvelle de celle qui, il y a trois ans à peine, lui écrivait ce billet : « Tu crains ma conduite. Que veux-tu que je fasse, quand je n'aime que toi au monde ? Je pense perpétuellement à toi. Je fais mille châteaux en Espagne pour le moment de ta sortie », Donatien tombe de haut ! Non seulement elle ne veut pas même le rencontrer, mais elle demande et obtient, le 9 juin de cette même année – aux torts de son mari –, la séparation de corps et de biens, à défaut du divorce, qui sera bientôt instauré mais auquel elle ne consentira jamais. La chose faite, elle se cloître dans son couvent. À la fermeture de celui-ci, elle se retirera au château d'Échauffour, en Normandie, où elle finira sa vie dans une totale solitude sur fond de campagne fleurie, d'exercices de dévotion et de potins de province.

De ce jour, Donatien et sa femme, après un ultime échange de papiers timbrés, ne se reverront plus, d'autant qu'elle poussera la discrétion jusqu'à s'éteindre la première. En revanche, il voit tout de même sa fille, Laure, qui demeure avec sa mère au couvent, et dont il se désole de constater que, non seulement elle est irrémédiablement laide – « une grosse fermière », dit cruellement son père – mais totalement dénuée d'esprit, comme une antithèse des personnages féminins sortis de son imagination. En plus, elle louche ! Cette déception n'est pas la seule. Passé l'enthousiasme des retrouvailles, il réalise vite que ses fils affichent un peu trop le genre Montreuil, ne manifestant aucun désir de connaître l'aride Provence de leurs origines, lui préférant la verte Normandie dans laquelle ils ont été élevés. Enfin – et même s'ils ne sont dépourvus ni de culture ni de talents littéraires –, ils priseront peu les œuvres de leur père, lorsque, plus tard, ils les découvriront. Ce dernier leur rétorquera avec son esprit habituel : « Eh, mon Dieu, ne vous désolez pas de voir votre nom à l'immortalité ; mes ouvrages l'y mènent, et vos vertus, quoique préférables à mes livres, l'y auraient-elles jamais conduit ? »

Désormais seul, Donatien est d'abord charitablement accueilli par un de ses anciens hommes d'affaires, Monsieur de Milly. Ce dernier l'héberge quelque temps près de la place des Victoires, puis, lorsqu'il obtient une avance de son notaire en Provence, à l'hôtel du Bouloir, fréquenté par une jeune femme engagée dans le combat politique du jour, Théroigne de Méricourt. Cette dernière lui fait forte impression, bien que, naturellement, ses sentiments ne soient pas réciproques. Qui, en effet, reconnaîtrait sous cette silhouette d'homme mûr fatigué le fringant marquis de l'affaire de Marseille, du théâtre à La Coste ou des années d'Italie ?

Cultivant toujours ses souvenirs de jadis, il songe pourtant à se retirer dans l'un de ses châteaux de Provence. Hélas, il apprend que le Comtat Venaissin, depuis le commencement de la Révolution, est en état d'insurrection permanente, ce qui oblige ses principaux seigneurs à le fuir, y compris le légat du pape, cette province étant toujours – mais plus pour très longtemps – une terre pontificale.

Préférant demeurer prudemment à Paris, il prend finalement ses quartiers dans un petit meublé de la rue du Pot-de-

Fer, près de Saint-Sulpice, que vient de lui trouver une nouvelle amie, la présidente de Fleurieu, épouse séparée d'un premier président des Finances de Lyon, avec laquelle il connaît une liaison, dont on ignore si elle est physique ou seulement platonique. Il s'installe enfin dans un appartement rue Honoré-Chevalier. Il pense alors vivre, en bon bourgeois, du revenu de ses terres de Provence – encore que celui-ci soit bien modeste – en ne s'occupant que de littérature. C'est en effet la profession qu'il a décidé d'embrasser, la plus honorable à ses yeux, et la plus adaptée tout à la fois à son âge, sa situation, ainsi qu'à l'époque. Tout au fond de lui, il s'est toujours considéré et se considérera toujours comme un écrivain.

En parfait homme du siècle des Lumières et en bon disciple de Voltaire, il est convaincu que c'est par le théâtre qu'il connaîtra la notoriété. Il a d'ailleurs, dans ses portefeuilles, une douzaine de pièces, qui apparemment n'ont pas toutes disparu avec ses autres manuscrits, parmi lesquelles une tragédie en vers, *Jeanne Laisné*, deux drames en prose, *L'Égarement de l'infortune*, *Henriette ou la Voix de la Nature*, cinq comédies en vers, *Le Métamiste ou l'Homme changeant*, *La Double Épreuve ou le Prévaricateur*, *Sophie et Desfrancs*, *Les Deux Jumelles* et *Le Mari crédule ou la Folle Épreuve*.

Très déterminé, il se met en tête de les faire jouer, malgré les grandes difficultés qu'un auteur, à cette époque, doit surmonter pour être accepté par les comédiens. D'où de multiples lettres, réunions de négociation, flatteries, coups pendables et ruptures consommées, dans lesquels il perd beaucoup de temps et parfois même d'argent, sans voir ses ambitions reconnues. Si le théâtre de Sade ne va jamais passer l'épreuve de la postérité, il continue de nous étonner. Larmoyant à souhait, rempli de bons sentiments et imbu de sentimentalisme, il est totalement à l'opposé de son œuvre érotico-philosophique et, par là même, de l'ensemble de sa vie !

Il parvient cependant à se faire jouer. Sa première œuvre montée au Théâtre Molière, le 22 octobre 1791, s'intitule *Le Comte Oxtiern ou les Effets du libertinage*. Cette pièce contestée, au succès mitigé, est suivie par *Le Suborneur*, créée par le Théâtre-Italien le 5 mars 1792. La représentation de cette dernière va être interrompue par une bande de patriotes venus, ce soir-là, présenter au public le fameux bonnet rouge appelé à connaître, pendant quelque temps, un succès plus important que le théâtre de Sade.

Désillusionné par ces deux échecs, qui ne lui ont apporté ni la gloire ni l'argent qu'il comptait en retirer, Donatien publie parallèlement ce qu'on peut nommer son premier livre, dans la mesure où aucun de ses autres textes n'a été édité. Il en annonce ainsi la sortie à son avocat d'Aix : « On imprime actuellement un roman de moi, mais trop immoral pour être envoyé à un homme aussi pieux, aussi décent que vous. J'avais besoin d'argent, mon éditeur me l'a demandé bien poivré et je lui ai fait capable d'empester le diable. On l'appelle *Justine ou les Malheurs de la vertu*. Brûlez-le et ne le lisez point s'il tombe entre vos mains ; je le renie. »

Justine, en effet, est publié en deux volumes, en 1791, chez Girouard, rue du Bout-du-Monde, mais sans nom d'auteur, comme c'est alors l'usage, d'autant que celui-ci ignore quel sort va être réservé à ce qui va devenir le sommet de la littérature érotique et l'ouvrage le plus emblématique de Sade. Il l'explicite ainsi : « Le dessein de ce roman est nouveau sans doute ; l'ascendant de la Vertu sur le Vice, la récompense du bien, la punition du mal, voilà la marche ordinaire de tous les ouvrages de cette espèce ; ne devrait-on pas en être rebattu !

Mais offrir partout le Vice triomphant et la Vertu victime de ses sacrifices, montrer une infortunée errante de malheurs en malheurs, jouet de la scélératesse, plastron de toutes les débauches, en butte aux goûts les plus barbares et les plus monstrueux… c'était, on en conviendra, parvenir au but par une route peu frayée jusqu'à présent. »

Jeune orpheline de 15 ans, Justine, de maisons en châteaux, de couvents en prisons, traverse une série d'épreuves oscillant du viol à la torture, tour à tour abusée par des moines lubriques, des seigneurs sans scrupule, des médecins pervers ou des faux-monnayeurs vicieux, avant de mourir, sans que jamais, effectivement, la Vertu ne triomphe du Vice.

Si les pièces de théâtre de son auteur n'ont pas suscité l'enthousiasme, le succès est cette fois-ci bien réel, avec bientôt six éditions en dix ans. Les Parisiens achètent l'ouvrage malgré le scandale qu'il provoque, ou justement à cause de lui. Nul doute que Donatien ne jouisse des critiques dénonçant ses excès, son immoralité et, plus encore, son aspect dangereux. « Tout ce qui est possible à l'imagination la plus déréglée d'inventer d'indécent, de sophistiqué, de dégoûtant même, se trouve amoncelé dans ce roman bizarre, dont le titre pourrait tromper les âmes sensibles et honnêtes », lit-on dans *Les Petites Affiches.* « Vous, hommes mûrs, que l'expérience et le calme de toutes les passions ont mis au-dessus de tout danger, lisez-le pour voir jusqu'où peut aller le délire de l'imagination humaine ; mais soudain après, jetez-le au feu. » Ce sentiment, *Le Spectateur du Nord*, en 1797, s'en fait encore l'écho, qui écrira : « Tout le monde veut savoir ce qu'est un tel ouvrage ; on le demande, on le recherche, il se répand, les éditions s'épuisent, elles se renouvellent, et le poison le plus cruel circule avec l'abondance la plus funeste. »

C'est à cette époque que Donatien, sans doute lassé d'avoir vécu si seul pendant tant d'années, s'installe en ménage avec une femme de 33 ans qu'il connaît depuis l'été 1790, sans qu'on sache exactement dans quelles conditions ils se sont rencontrés, certains suggérant que ce fut lors de ses négociations avec les gens de théâtre. Celle-ci passe en effet, à tort ou à raison, pour avoir été comédienne. Née Marie-Constance Renelle, elle a jadis épousé Balthazar Quesnet, un marchand qui l'a abandonnée pour s'en aller chercher fortune en Amérique, après lui avoir fait un enfant, et qui, depuis, a disparu. Est-elle entrée à son service pour tenir son petit ménage ou fut-ce la réunion de deux solitudes ? On ne saura jamais ce qui aura présidé à cette liaison entre le divin marquis et celle qu'il baptise aussitôt « Sensible », avec qui il vivra jusqu'à ce que la mort les sépare. Madame Quesnet est à Sade ce que Madame Récamier sera à Chateaubriand ! Voilà pourquoi il lui dédie son livre, avec un hommage qu'il n'a, jusque-là, rendu à aucune autre femme : « Oui, Constance, c'est à toi que j'adresse cet ouvrage, à la fois l'exemple et l'honneur de ton sexe, réunissant l'âme la plus sensible, l'esprit le plus juste et le mieux éclairé, ce n'est qu'à toi qu'il appartient de connaître la douceur des larmes qu'arrache la vertu malheureuse. »

Avec elle, il s'installe dans une petite maison de la rue de la Ferme-des-Mathurins, dans le quartier de la rue Saint-Honoré, juste retour à ses débuts, puisque c'est là qu'il vécut au lendemain de son mariage et jusqu'à son incarcération. Détruite, comme tant d'autres, par le baron Haussmann, cette rue n'existe plus, mais il est très facile de situer son emplacement : c'est celui des Galeries La Fayette. Sans doute apprécie-t-il de s'y promener librement, sous le nom du citoyen *Louis Sade, homme de lettres*, après avoir abandonné sans aucun regret sa particule et son titre, dont il ne se prévaudra plus jamais, même lorsque, sous le Consulat, réapparaîtront les anciennes dignités abolies sous la Révolution. Cette thébaïde composée de deux pièces au rez-de-chaussée et de deux chambres à l'étage, bientôt décorée des meubles de Marie-Constance et de ceux que l'homme d'affaires de Sade en Provence envoie de La Coste, lui fait songer à l'état d'« un bon gros curé dans son presbytère », manière pour lui de reconnaître qu'enfin, il est heureux de s'y trouver et que sa propre vie est, en fait, le contraire de son œuvre ! Le proverbe populaire ne dit-il pas que « le diable se fait ermite en vieillissant » ? Le marquis de Sade en est la plus parfaite illustration !

Qu'y a-t-il exactement entre eux, se demandent les rares familiers de leur intimité ? Voilà que Donatien, qui n'a cessé de nous surprendre, affiche maintenant le plus provocant de ses paradoxes. Lui, le libertin acharné, l'athée érotique, le pervers polymorphe et le séducteur satanique, entreprend la plus complète des révolutions. Issu des enfers, à propos de l'irruption de Marie-Constance dans sa vie, il s'exclame : « C'est le ciel qui me l'a envoyée ! » On ne le reconnaît plus et cependant c'est toujours le même, tel que l'a détecté Émile Zola : « un catholique en creux ».

Celle qu'il appelle « Sensible », celle qui est son salut, celle qui bâtit son nouveau bonheur, il l'a rencontrée un an après avoir quitté la Bastille dans le bel été libéré de 1790. Il avait 51 ans et déjà on la prenait pour sa fille… « La solitude dans laquelle me laissait Madame de Sade au sortir de la Bastille dut m'engager à me lier avec quelqu'un dont les soins remplaçassent ceux dont me privait ma famille. Pour attacher et lier plus intimement à moi la personne avec laquelle je me liais, je lui fis un contrat de soixante livres de rente progressive. »

Comment Sensible (Marie-Constance) s'est-elle rendu compte que le marquis s'était tant attaché à elle ? Elle était tombée gravement malade et Sade nous confie ce qui s'est alors produit : « Dans les huit premiers jours de sa maladie, ma chère amie m'a dit des choses bien fortes et bien déchirantes et qui, dès que je me trouvai seul, me firent verser bien des larmes : un jour elle me dit, comme pour me remercier de mes soins : "Vous voulez donc absolument que je vive ?" »

Comme l'affirmait Jean Cocteau : « On ne sait jamais ce qu'il y a sous les toits, dans les maisons, entre les gens »... Et entre Sensible et Sade, tout le monde de se demander si liaison il y avait... Et le marquis de livrer son démenti : « Rien de si vertueux que mon petit ménage ! D'abord, pas un mot d'amour ; c'est tout uniquement une bonne et honnête bourgeoise, aimable, douce, spirituelle qui a bien voulu se charger de ma petite maison. Elle mange avec moi la modeste pension que son mari lui a faite ; je la loge et la nourris. Voilà le seul agrément actuel qu'elle y trouve. » S'agit-il d'une relation platonique ? Le marquis se montre formel à cet égard et en tire des conclusions définitives qui ne peuvent que nous surprendre, mais dont la fermeté a l'avantage de nous faire réfléchir : « Tout cela me dégoûte à présent, autant que cela m'embrasait autrefois. Dieu merci, penser à autre chose et je m'en trouve quatre fois plus heureux. »

Quatre fois plus heureux, ce n'est pas rien ! Elle vit auprès de lui et d'après ce qu'il confesse elle n'est pas son amante. Est-elle son égérie ? La réponse est oui : « Ne me faut-il pas un être à qui je puisse lire tout chaud ? Eh bien, ma compagne remplit tous ces objets. » Comment reconnaître le marquis de Sade dans cet être apaisé, serein, détaché de la sensualité et cependant absolument comblé ? Nous assistons là à une métamorphose totale du personnage sulfureux que nous avons connu, au profit d'un ange de l'ombre qui accède enfin à la clarté.

Tout a changé en lui et il a plaisir à en faire lui-même le constat. Maintenant, lorsqu'on lui demande qui il est vraiment devenu, il se fait fort de vous répondre avec une incroyable douceur : « Le plus honnête, le plus franc et le plus délicat des hommes, le plus compatissant, le plus bienfaisant. »

Dans l'ordre du bien le marquis de Sade se montre tout aussi sincère qu'il le fut dans l'ordre du mal : « N'avons-nous pas acquis le droit de tout dire ? Développons aux hommes de grandes vérités ! »

Quoi qu'il en soit, il accepte de servir de père au fils de Sensible, Charles Quesnet, âgé de 6 ans, faisant ainsi sur le tard l'apprentissage de la paternité. « La citoyenne Quesnet, chez laquelle je suis en pension, écrira-t-il bientôt, excellente patriote, fait mon unique société ; je me plais à élever son fils et les principes patriotiques que je lui inspire, et sur lesquels on peut l'interroger, prouveront que le civisme le plus épuré a toujours été l'unique esprit de notre maison. »

Compte-t-il vivre dans la discrétion ? Incapable de demeurer coi, il ne va pourtant pas résister à jouer un rôle dans cette Révolution qui, au fond, le fascine. Elle détruit en effet, une à une, les institutions qui, naguère, ont fait son malheur : « Sade, souviens-toi des fers que les despotes t'ont fait porter et meurs mille fois plutôt que d'exister sous un gouvernement qui consentirait à les faire revivre. » Irrésistiblement attiré par cette démocratie en gestation, le 1er juillet 1790, il entre à la section des Piques, après avoir, sans vergogne, nié ses origines, n'hésitant pas à écrire : « On m'accuse d'être noble. Cela est faux. L'acquisition d'un fief noble dans une famille ne confère point la noblesse, et si parce que je possède ce fief, il a plu à quelques esclaves de l'Ancien Régime de joindre à mon nom, malgré moi, un titre que je n'eus jamais, ce n'est pas ma faute, ce titre n'était point affecté au fief que mon grand-père avait acheté pour faire oublier que le sien avait été domestique... Mes ancêtres ont à peu près toujours fait l'honorable métier de cultivateur. Mon père fut homme de lettres, j'ai suivi la même carrière. »

Quand on se souvient que, sous l'Ancien Régime, il portait haut et fort l'ancienneté de sa noblesse, qu'il lançait à la tête de sa belle-famille, et exigeait, lorsqu'il venait en Provence, les hommages dus aux ambassadeurs du pape, ce qu'étaient les hommes de sa lignée, le revirement est admirable ! Croit-il de bonne foi ce qu'il écrit ou compose-t-il cyniquement avec les nouveaux maîtres de la France ? Il y a sans doute des deux dans cette démarche par laquelle il rejette en bloc l'ancienne société qui l'a elle-même rejeté. Néanmoins, treize jours après cet engagement, il assiste avec plaisir à la Fête de la Fédération, dont il fait le récit à son homme d'affaires Gaufridy, tout en lui précisant qu'il était « aux meilleures places ». Nul doute qu'il daigne également se déplacer pour les funérailles de son ennemi Mirabeau, mort l'année suivante !

Quelques mois plus tard, la tragique équipée de Varennes inspire à Donatien une *Adresse d'un citoyen de Paris au Roi des Français*, publiée quelques jours après le retour de Louis XVI à Paris, qui fait un certain bruit, en raison de sa pertinence : « Si vous voulez régner, que ce soit sur une nation libre ; c'est elle qui vous installe, qui vous nomme son chef ; c'est elle qui vous place sur son trône et non pas le Dieu de l'univers, comme on avait la faiblesse de le croire autrefois. » C'est le premier de ses écrits politiques, genre dans lequel il va bientôt exceller, ce qui montre que cet intellectuel maîtrisant parfaitement les concepts a plusieurs cordes à son arc. L'intéressé prend-il connaissance de cette brochure, dans laquelle son auteur lui suggère de se séparer de sa femme, Marie-

Antoinette, et de la renvoyer en Autriche, en raison des mauvais conseils qu'elle lui donne ? C'est peu probable.

Entre-temps, son influence dans sa section se réunissant dans la ci-devant église des Capucines, qui n'existe plus aujourd'hui, s'est singulièrement renforcée. À cette époque, du reste, les sections prennent de plus en plus d'importance dans une capitale qui entend diriger seule la Révolution. En 1792, il en est élu secrétaire, ce qui est logique pour un grand manieur de plume comme lui. À ce titre, au mois de novembre, il y lit son discours intitulé *Idée sur le mode de la sanction des lois.* Ce dernier lui vaut une ovation et le vote, à l'unanimité, de son impression pour qu'il soit adressé à toutes les sections de Paris.

Cette même année, il se voit nommé commissaire des sections de Paris dans les hôpitaux. C'est du reste à son initiative que les malades, jusque-là placés par trois dans un lit, y seront désormais seuls, ce qui montre bien que le présumé monstre peut, à l'occasion, compter parmi les humanistes. Le marquis de Sade a-t-il changé ou s'est-il adapté à la réalité nouvelle ? Sans doute les deux, car, même s'il est favorable à l'évolution démocratique des institutions, tout au fond de lui-même, il en désapprouve les violences populaires. Après la fameuse journée du 10 août et les massacres de septembre, cultivant jusqu'à la fin ses préjugés de caste contre ce qu'il appelle « les manants », il écrit : « Dix mille prisonniers ont péri dans la journée du 3 septembre. Rien n'égale l'horreur des massacres qui se sont commis. La ci-devant princesse de Lamballe a été du nombre des victimes ; sa tête portée sur une pique a été offerte aux yeux du roi et de la reine ; et son malheureux corps traîné huit heures dans les rues après avoir été souillé, dit-on, de toutes les infamies de la plus féroce débauche... » Est-on surpris que l'auteur de ces lignes soit le même que celui des *Cent Vingt Journées de Sodome* ? Il n'y a pas lieu de s'en étonner, puisqu'on a déjà remarqué que l'esprit de son théâtre est aux antipodes de ses romans. Les contradictions de chaque homme sont infinies, celles de Sade plus encore !

Poursuivant malgré tout cette action politique, dans laquelle on peut voir, aussi, l'évidente satisfaction d'un besoin de reconnaissance officielle, dont il a jusque-là été toujours privé, au printemps de l'année suivante, Donatien est élu vice-président de la section des Piques. Comme tel, il prononce, le 9 octobre 1793, un *Discours aux mânes de Marat et de Le Peletier*, les deux députés de la Convention assassinés. Tout au long de ces deux années, il réfléchit très sérieusement aux questions politiques, se forgeant un certain nombre d'idées personnelles. Opposé aux anciens abus, il se déclare favorable à un parlementarisme bicaméral, ce qui fait de lui une exception au moment de la toute-puissance de la Convention nationale, cette assemblée unique qui a pris en main le destin de la Révolution. Pour autant, il ne profite pas de sa nouvelle position pour causer du tort à ses beaux-parents, domiciliés sur le territoire de cette section, ce qui montre toute son élégance de grand seigneur : « Les Montreuil sont mes plus grands ennemis. Ce sont de plus des gueux, des scélérats reconnus que je pourrais perdre d'un mot, si je le voulais. Mais j'ai pitié d'eux et je leur rends mépris et indifférence pour tout le mal qu'ils m'ont fait. » La présidente de Montreuil sait-elle que son gendre, tant haï, compte parmi les idéologues de la propre section de son quartier qui, d'un mot, pourrait l'envoyer à la guillotine ? Des âmes charitables l'en ont probablement informée. Dans sa biographie de Sade, Raymond Jean écrit à son sujet : « L'idée de vengeance ne traverse pas son esprit. Il fait au contraire inscrire les Montreuil sur une liste épuratoire. Annonçant cela à Gaudifry, il déclare : “Si j'avais dit un mot, ils étaient malmenés. Je me suis tu : voilà comment je me venge." » En fait, les idées de Sade en matière politique le porteraient plutôt du côté des modérés, comme il l'écrit lui-même à son avocat : « À ce propos, n'allez pourtant me prendre pour un enragé... mais regrettant fort peu l'Ancien Régime. Il m'a rendu trop malheureux pour que je le pleure. Voilà ma profession de foi, et je la fais sans crainte. »

Un seul point, en revanche, le pousse vers les extrêmes, son athéisme qui le conduit à prendre des positions tranchées. Ainsi, le 15 novembre suivant, est-il délégué à la Convention pour conduire une délégation des sections de Paris très nettement anticatholiques. Là, devant la représentation nationale rassemblée dans l'ancien manège des Tuileries, le ci-devant marquis de Sade, le bonnet rouge sur la tête, prend la parole : « Législateurs, le règne de la philosophie vient anéantir enfin celui de l'imposture... Envoyons la courtisane de Galilée se reposer de la peine qu'elle eut de nous faire croire, pendant dix-huit siècles, qu'une femme peut enfanter sans cesser d'être vierge ! » Avant d'y ajouter ce témoignage sur sa propre expérience : « Législateurs, il y avait longtemps que le philosophe riait en secret des singeries du catholicisme, mais s'il osait élever la voix, c'était dans les cachots de la Bastille où le despotisme ministériel savait bientôt le contraindre au silence. Eh ! Comment la tyrannie n'eût-elle pas étayé la superstition ? Toutes deux nourries dans le même berceau, toutes deux filles du fanatisme, toutes deux servies par ces inutiles prêtres au temple et monarque au trône, elles devaient avoir les mêmes bases et se protéger toutes deux. » Et de conclure : « Le règne de la philosophie vient anéantir celui de l'imposture. Enfin, l'homme s'éclaire et, détruisant d'une main les frivoles jouets d'une religion absurde, il élève de l'autel à la plus chère divinité de son cœur. La Raison remplace Marie dans nos temples et l'encens qui brûlait aux genoux d'une femme adultère ne s'allumera plus qu'aux pieds de la déesse qui brisa nos liens. »

La Convention applaudit l'orateur à la fin de sa péroraison. Donatien, ému, se retire sous les vivat, sans cependant remarquer qu'un député est resté les bras croisés, l'air fortement désapprobateur, ce qui n'est pas de bon augure. Ce député, par ailleurs membre du tout-puissant Comité de salut public, il le connaît pourtant fort bien, puisqu'il siège dans la même section que lui. Petit, impeccablement perruqué, d'une élégance recherchée, le regard sournois derrière ses bésicles, la bouche pincée, c'est Robespierre, bientôt l'homme le plus puissant de France. Ce dernier, en effet, qui déteste ces bacchanales païennes, prépare en secret l'institutionnalisation du culte de l'Être suprême. Il va bientôt dénoncer les menées contre-révolutionnaires des athées, et en particulier de Sade, dont les manières de vieux libertin dégoûtent profondément le puceau impuissant qu'il est secrètement. Il fait diligenter une discrète enquête sur Donatien. Celle-ci révèle bientôt que, non seulement le sieur Louis Sade est un ancien aristocrate, mais encore l'auteur d'une œuvre qui, naguère, faisait frémir d'horreur les bien-pensants, dont il fait partie, lui l'apôtre inconditionnel de cette vertu que Sade a tant de fois raillée. Enfin, circonstance aggravante, ses deux fils ont émigré, ce qui, au moment de la Terreur, constitue l'un des crimes les plus graves ou, plus prosaïquement, un excellent moyen de se débarrasser des adversaires qu'on peut ainsi expédier sur l'échafaud. Comme il avait commis une première erreur en se faisant remarquer quelques jours avant la prise de la Bastille, Sade en commet une seconde en se plaçant dans la ligne de mire du dictateur de la vertu !

En conséquence, son compte est bon, d'autant qu'il ne se prive pas de critiquer la Terreur sur laquelle il ironise : « Ah ! Il y a bien longtemps que je disais à part moi que cette belle et douce nation, qui avait mangé les fesses du maréchal d'Ancre sur le gril, n'attendait que des occasions pour s'électriser, pour faire voir que, toujours placée entre la cruauté et le fanatisme, elle se remonterait à son ton naturel dès que les occasions la détermineraient. » Sur un signe du maître, le 18 frimaire de l'an II (5 décembre 1793), Donatien, sous la vague inculpation de « suspect » qui, depuis l'adoption d'une loi scélérate, permet d'incarcérer n'importe qui, est donc arrêté chez lui par le commissaire Juspel, à qui il livre un mot romain, dans le goût du temps : « Citoyen, je ne connais rien de mieux que l'obéissance aux lois. Remplissez votre office. » Aussitôt, il est incarcéré aux Madelonnettes, dans le quartier du Marais. Trois ans après sa libération, le voilà donc à nouveau derrière les barreaux, victime d'un nouvel arbitraire, émanant cette fois d'un régime qu'il a soutenu depuis le début. Le registre d'écrou nous livre une nouvelle et précieuse description de lui, puisqu'il n'y en a finalement que peu ! « Âgé de cinquante-trois ans, natif de Paris, homme de lettres demeurant rue de la Ferme-des-Mathurins, n° 87. Taille cinq pieds six pouces, cheveux et sourcils blonds-gris, front haut et découvert, yeux bleus, nez moyen, bouche petite, menton rond ovale et plein. »

Malgré les appels qu'il adresse à la section des Piques, sa réclusion se poursuit, personne, en cette époque où commence la Grande Terreur, et où la peur va se généraliser, n'ayant envie de se compromettre pour lui. Au mois de janvier 1794, il est même transféré, d'abord aux Carmes, rue de Vaugirard, puis à Saint-Lazare, rue du Faubourg-Saint-Denis, près de l'actuelle gare de l'Est. Pense-t-il qu'il a une chance d'échapper à la terrible machine à broyer d'une Révolution qui, jour après jour, dévore ses enfants ? C'est peu probable, d'autant que le rapport sur sa conduite lui est plus que défavorable, mentionnant que, depuis le début ce ci-devant « a contrefait le patriote ». Jouant le tout pour le tout, il rédige alors un mémoire justificatif à l'attention du Comité de surveillance générale, dans lequel il récuse les accusations portées contre lui et rappelle ses treize années de détention à Vincennes et à la Bastille. Croit-il que ce document va le sauver, alors qu'il sait que son ami Girouard, l'éditeur de *Justine*, a été guillotiné le 8 janvier ? Sa défense reste lettre morte.

C'est alors que Sensible (Marie-Constance Quesnet), qui a quelques relations bien placées, parvient, le 7 germinal de l'an II (27 mars 1794) à le faire passer dans la maison de santé du docteur Eugène Coignard, rue de Picpus, où il peut enfin souffler. Il la décrit comme « un paradis terrestre, belle maison, superbe jardin, société choisie d'aimables femmes », malgré la proximité de la guillotine qui a été récemment déplacée de la place de la Révolution (Concorde) à celle du Trône-Renversé (Nation), dont certaines des victimes sont bientôt enterrées dans ce même jardin. L'établissement n'accueille que des membres éminents de l'ancienne société, parmi lesquels Choderlos de Laclos, l'auteur des *Liaisons dangereuses*, détenu en même temps que l'auteur de *Justine*, sans qu'on sache s'ils se sont parlé ! Sensible vient l'y voir chaque jour. Elle lui apporte ces pâtisseries dont il continue de raffoler. Malgré l'ambiance de salon, qu'il est de mise de respecter, rue de Picpus, l'accélération de la Terreur maintient les pensionnaires dans l'angoisse, chacun d'eux sachant qu'il peut être appelé à tout instant pour comparaître devant le Tribunal révolutionnaire.

Et justement, le 8 thermidor (26 juillet), celui-ci instruit le cas d'« Aldonze Sade, ex-noble et comte, homme de lettres et officier de cavalerie, prévenu, avec vingt-huit autres prévenus, de conspiration contre la République ». Cette fois, l'heure est grave, même si le procès, pour ce qui le concerne lui, plus particulièrement, a lieu par contumace, puisqu'il est – pour la seconde fois ! – condamné à mort. Pourquoi n'est-on pas venu le chercher ce jour-là ? On l'ignore, mais lorsque, le lendemain matin, on vient le chercher à Picpus, il a disparu, caché chez des amis de Sensible. Or, ce jour-là, 9 thermidor (27 juillet) n'est pas un jour ordinaire. Dans l'après-midi, Robespierre est renversé par la Convention, avant d'être arrêté puis transféré à l'Hôtel de Ville, sérieusement blessé dans la nuit et, le lendemain, guillotiné à son tour. La Terreur cesse alors et Donatien est sauvé. Il s'en est fallu de peu qu'il « éternuât dans le sac », comme on disait alors, lui qui se dit aujourd'hui que, finalement, la violence des pages de *Justine* ou des *Cent Vingt Journées de Sodome* est bien peu de chose à côté des massacres de septembre, de l'emblématique guillotine, des noyades de Nantes ou des fusillades de Lyon. Il lui faut cependant attendre le commencement du mois d'octobre pour être définitivement déchargé des chefs d'accusation qui l'avaient fait condamner à cette peine capitale qu'il dénoncera bientôt.

La Terreur achevée, Donatien croit-il que la République va poursuivre sa route dans la sérénité et la liberté ? Sans doute, et avec lui tous les Français – les Parisiens surtout – se ruant vers les plaisirs, un peu comme leurs descendants, en 1944, retrouveront leur joie de vivre après la Libération. Le règne de la Vertu a vécu, se dit le théoricien du Vice, qui pense que son heure est venue, que l'on va enfin reconnaître son talent et voir en lui le génie de la Nation. En fait, cette nouvelle page qui s'ouvre ne sera qu'un répit.

« Français, encore un effort pour être républicains. » Les idées du principal essai politique de Sade ressurgiront sur les barricades de Mai 68…

Tout au long de sa vie, Sade a beaucoup écrit : pièces de théâtre, contes, nouvelles, romans et même ouvrages politiques, la Révolution lui ayant donné une tribune à la mesure de son perpétuel besoin d'expression. L'un de ses derniers textes, *La Philosophie dans le boudoir*, publié en 1795, se présente sous la forme d'une série de dialogues retraçant l'éducation érotique et sexuelle d'une jeune fille de 15 ans, Eugénie, que Mademoiselle de Saint-Ange initie aux *mystères de Vénus*.

Comme toujours, chez Sade, le discours philosophique est consubstantiel à l'érotisme. Il sert de prétexte à un certain nombre de réflexions, dont l'une, située entre le quatrième et le cinquième dialogue, porte un titre tout à fait moderne : *Français, encore un effort pour être républicains*. Avec un réel talent rhétorique, il y exprime ses idées sur la société, les réformes qu'elle doit mettre en œuvre pour sa survie, la place de la France en Europe, l'évolution des mœurs et, naturellement, ses préventions à l'encontre de la religion. Il conclut par une envolée d'un lyrisme auquel, jusque-là, il n'avait pas habitué ses lecteurs, mais qui, par certains points, s'avère prophétique : « Invincibles dans votre intérieur et modèles de tous les peuples par votre police et vos bonnes lois, il ne sera pas un gouvernement dans le monde qui ne travaille à vous imiter, pas un seul qui ne s'honore de votre alliance ; mais si pour le vain honneur de porter vos principes au loin, vous abandonnez le soin de votre propre félicité, le despotisme qui n'est qu'endormi renaîtra, des dissensions intestines vous déchireront, vous aurez épuisé vos finances et vos soldats, et tout cela pour revenir baiser les fers que vous imposeront les tyrans qui vous auront subjugués pendant votre absence. Tout ce que vous désirez peut se faire sans qu'il soit besoin de quitter vos foyers ; que les autres peuples vous voient heureux et ils courront au bonheur par la même route que vous leur aurez tracée. Encore un effort ; puisque vous travaillez à détruire tous les préjugés, n'en laissez subsister aucun, s'il n'en faut qu'un pour les ramener tous. Combien devons-nous être plus certains de leur retour si celui que vous laissez vivre est positivement le berceau de tous les autres. »

Tel est le message que le citoyen Sade, à la manière d'un testament philosophique, entend faire passer à ses contemporains engagés dans la Révolution. Au-delà des outrances, on caresse grâce à elle, souvent avec utopie, un rêve d'avenir, celui d'une société meilleure, plus juste et plus égale, dans laquelle l'homme, débarrassé de Dieu et de ses prêtres, pourra enfin vivre libre, selon les mœurs qu'il a choisies et les convictions qui sont les siennes. D'où la nécessaire prise en compte, par la société, de l'acceptation des mœurs, ce qui a pour conséquence l'abolition de la peine de mort, la dépénalisation de l'impudeur, de la prostitution, de l'adultère, de l'inceste et de l'homosexualité, chacun ayant le droit d'être ce que la nature l'a fait, y compris de mettre fin à ses jours quand il le souhaite, comme cela se faisait dans l'Antiquité, modèle, chez Sade, de toute société.

Une fois de plus, bien au-delà des outrances de la débauche, c'est la tolérance que Sade prône, et avec elle, une religion fondée sur l'amour, dont il donne, ici, la liturgie, dans ce qui sont sans doute les plus singulières de ses multiples pages : « À l'entrée d'un bois solitaire, Vénus, l'Hymen et l'Amour, érigés sous un temple agreste, recevront l'hommage des amants ; là ce sera par la main des Grâces que la beauté couronnera la constance. Il ne s'agira pas seulement d'aimer et d'être digne de cette couronne, il faudra avoir mérité de l'être ; l'héroïsme, les talents, l'humanité, la grandeur d'âme, un civisme à l'épreuve, voilà les titres qu'aux pieds de sa maîtresse sera forcé d'établir l'amant et ceux-là vaudront bien ceux de la naissance et de la richesse, qu'un sot orgueil exigeait autrefois. »

Grâce à la réponse que Sade fait à Gaufridy qui lui demande quelle est sa position politique le 5 décembre 1791, nous pouvons nous faire une idée de là où il se situe dans la Révolution : « L'obligation où je suis journellement de travailler tantôt pour un parti, tantôt en faveur de l'autre, établit une mobilité dans mes avis, dont se ressent ma manière intérieure de penser… Elle ne se trouve vraiment pour aucun des partis, et est composée de tous. Je suis antijacobite, je les hais à la mort. J'adore le roi, mais je déteste les anciens abus ; j'aime une infinité d'articles de la Constitution, d'autres me révoltent ; je veux qu'on rende à la noblesse son lustre, parce que de le lui avoir ôté n'avance à rien ; je veux que le roi soit le chef de la nation ; je ne veux point d'assemblée nationale, mais les deux chambres, comme en Angleterre, ce qui donne au roi une autorité mitigée, balancée par le concours d'une nation nécessairement divisée en deux ordres ; le troisième est inutile, je n'en veux point. Voilà ma profession de foi. Que suis-je, à présent ? Aristocrate ou démocrate ? Vous me le direz s'il vous plaît, car, pour ma part, je n'en sais rien. »

La Révolution française aura eu au moins un mérite : nous révéler la répulsion profonde que ressentit le Marquis de Sade devant la violence devenue réalité. Alors qu'il l'utilisait à foison dans l'écriture de ses fantasmes, il est pétrifié d'horreur quand il assiste aux excès de sa réalisation. Comme le rapporte Jean-Paul Brighelli dans son excellent *Sade, la vie la légende* : « Pendant la journée du dix août, Sade perd le mari de sa nièce : Stanislas de Clermont Tonnerre est découpé, défiguré, à moitié démembré et présenté tel quel à sa femme. « La journée du dix août m'a tout enlevé : parents, amis, famille, protection, secours. Trois heures ont tout ravi autour de moi. Je suis seul… » Il notera beaucoup plus tard dans son journal : « De Thou, dans son Cinquante-deuxième Livre, rapporte que, le lendemain de la Saint-Barthélemy, les femmes de la cour de Catherine de Médicis sortirent du Louvre pour contempler les corps nus des huguenots assassinés et dépouillés sous ses murs. Au 10 août, les femmes de Paris vinrent de même contempler les corps des Suisses jonchés dans les Tuileries. »

Cet esprit rebelle, que d'aucuns appelleront prophétique, une génération allait le retrouver sur les barricades, celle qui, née en 1948, aura 20 ans en mai 1968. Les slogans du printemps révolutionnaire semblaient signés du marquis de Sade lui-même : « Il est interdit d'interdire » ou « Jouir sans entrave ! »

Dans cette capitale insurgée où les pavés servaient de projectiles pour repousser les gardiens de l'ordre moral, les murs avaient la parole. Parmi les graffiti de cette soudaine cité d'utopie, une apostrophe insolite : « Sadiques de tous les pays, popularisez les luttes du divin marquis. » On a cru voir le fantôme de Sade grimper en perruque sur les barricades…

Sous les pavés, ses pages !

12

L'ULTIME RÉPIT

> « Je viens offrir de grandes idées, on les écoutera ; elles seront réfléchies, si toutes ne plaisent pas, au moins en restera-t-il quelques-unes. J'aurai contribué en quelque sorte au progrès des Lumières. »
>
> Sade

En cet automne de l'année 1795, un doux soleil enveloppe la Provence, où, joyeusement, les vendanges commencent avec leur promesse de bon vin, où les derniers fruits sont ramassés pour être conservés sur les claies ou être transformés en pâtisseries, nougats, confitures ou pâte d'amandes. Sur les chemins sentant la lavande, les charrettes se succèdent. Les filles y sont assises, provoquant les cris des garçons leur lançant œillades ou plaisanteries pour clamer leur désir. En cette première année du Directoire, régime décrié aujourd'hui, mais qui a tout de même le mérite de remettre la France au travail, après la grande convulsion de la Terreur, le temps de la paix et du bonheur semble enfin revenir.

Soudain, une voiture attelée à deux chevaux apparaît sur la route d'Avignon à Apt, filant à vive allure dans le Lubéron, transportant à son bord un couple que personne ne connaît ou ne reconnaît. Le Cavalon dépassé, le château de La Coste est enfin en vue. Le cœur du voyageur tressaille en songeant que cela fait presque vingt ans qu'il n'a pas revu sa demeure préférée, depuis cette fatidique nuit où l'inspecteur Marais l'a capturé. Hélas le spectacle est désolant : le vaste monument n'est plus qu'une carcasse en ruine, depuis le saccage opéré, à l'automne 1792, par les Costains l'ayant envahi pour jeter les meubles par les fenêtres, arracher les portes, les serrures, les fenêtres et les planchers, ayant descellé les créneaux et vidé la cave, sans que l'homme d'affaires du propriétaire ait pu faire quoi que ce soit, à moins de mettre sa vie en péril. Impuissant, le marquis de Sade contemple ce spectacle poignant, et avec lui ses souvenirs évanouis.

Au fur et à mesure que la voiture gravit les ruelles du village, sa vision se précise. Plus de toit, ou presque, et, à sa place, le ciel tournoyant au-dessus de pans de murs livides, là où étaient ses appartements. Il avait tout investi dans leur rénovation et son théâtre, dans lequel il avait mis tant d'énergie. Quant au jardin qu'il aimait, avec ses treilles et ses orangers, la nature y a repris ses droits, en faisant une sorte de jungle ! Impossible même d'y loger. Comprenant la douleur de son compagnon, Marie-Constance presse sa main pour le consoler. Il lui est égal de ne pas devenir la dame de La Coste. Tout cela appartient désormais à un passé révolu. Tant pis ! Ils iront coucher à l'auberge, en attendant qu'il lui montre Mazan et Saumane, ces lieux de sa jeunesse dont il lui a tant parlé et, avec eux, ceux de « la douceur de vivre », comme l'a si bien dit Monsieur de Talleyrand. Certes, Sade avait été prévenu, en son temps, de ce malheur, mais il n'imaginait pas que les dégâts fussent si grands !

Regrette-t-il d'avoir écrit jadis *:* « J'ai reconnu que tous les Costains étaient des gueux à rouer et certainement je leur prouverai un jour mon mépris pour eux et ma façon de penser. Je vous assure qu'on les rôtirait l'un après l'autre que j'en fournirais les fagots sans sourciller. » À court de ressources et écœuré, il se sépare de La Coste qu'il parvient à vendre, une fois le séquestre levé, au député Joseph-Stanilas Rovère. Un bien curieux personnage que ce fils d'un aubergiste du Lubéron qui, sous l'Ancien Régime, prétendant appartenir à la famille noble italienne des Della Rovere, s'était fait passer pour marquis de Fontvieille, avait épousé une femme riche et était entré dans le corps des Mousquetaires du Roi. Député de la Drôme à l'Assemblée législative, puis des Bouches-du-Rhône à la Convention, représentant en mission à Lyon puis dans le Vaucluse, il y racheta, outre La Coste, le couvent de Sorgues. Il n'en profitera guère, puisque, compromis avec les royalistes dans le coup d'État de Fructidor, il sera déporté en Guyane, où il mourra trois ans plus tard, en 1798.

Le dernier voyage de Sade en Provence n'aura donc pas été totalement inutile, puisqu'il en profite pour mettre un peu d'ordre dans ses affaires et liquider quelques autres biens. C'était d'ailleurs le but initial, dans la mesure où, depuis sa libération, survenue un an plus tôt, il a subi, comme nombre de Français, une autre conséquence de cette Terreur qui a paralysé l'économie du pays, la gêne financière, occasionnée par la cherté des prix, une monnaie réduite à néant et la très grande difficulté de toucher les revenus de ses fermes. Parallèlement, Sade tente de vendre ses autres châteaux de Mazan et de Saumane, sans y parvenir.

Sade et sa compagne regagnent alors Paris, ou plus exactement Clichy. Le loyer de leur maison de la rue de la Ferme-des-Mathurins étant devenu trop onéreux, ils se sont en effet installés dans ce village situé à la porte de la capitale, où la vie est plus abordable. À présent, c'est tout à côté, au village de

Saint-Ouen, que Sensible, avec naturellement une partie des fonds que son compagnon a tirés de la vente de ses biens, fait l'acquisition, pour 15 000 livres, d'une maison. Une autre partie est affectée à l'achat, pour 73 000 francs, de deux propriétés situées dans la Beauce, la première appelée « la Malmaison », entre Rambouillet et Épernon, la seconde « Grandvilliers », près de Chartres, ensemble couvrant quelque cent cinquante hectares de terres. Les fermages de ces propriétés vont assurer un revenu régulier à Donatien et permettre l'éducation de l'enfant qui est toujours à leur charge.

À Saint-Ouen, qui présente l'avantage de vivre à la campagne tout en étant si près de Paris, Donatien, qui désormais ne s'occupe plus de politique – on ne l'y reprendra plus ! – retourne à sa carrière d'homme de lettres. En cette même année 1795, il publie, en huit volumes, *Aline et Valcour*, roman qui dépeint les malheurs d'Aline, fille du président de Blamont qu'on veut marier à l'infâme Dolbourg, alors qu'elle aime Valcour. Deux ans plus tard sort en librairie – et cette fois en dix volumes, illustrés de cent gravures érotiques particulièrement explicites – *La Nouvelle Justine ou les Malheurs de la vertu, suivie de l'Histoire de Juliette, sa sœur*. Naturellement ces deux ouvrages se veulent à l'unisson de l'esprit d'un régime, le Directoire, qui ayant relégué la vertu au magasin des accessoires de sinistre mémoire, prône, à Paris tout au moins, l'amusement général. À peine la tête de Robespierre tombée, une explosion de joie a secoué les Français. Partout prolifèrent les bals publics, les bordels et le relâchement des mœurs, comme si toute la quintessence du temps de « la douceur de vivre s'était concentrée pour jeter ses derniers feux » avant la naissance de l'ordre moral, qui naîtra, dans quelques années, avec *Le Génie du christianisme*. C'est dire si *La Nou-*

velle Justine répond parfaitement à cette obsession de jouissance, d'où le réel succès de librairie du dernier texte de Sade, malgré quelques grincheux qui, dans la presse, dénoncent ce monument de la dépravation dont, sans s'en rendre compte, ils assurent la publicité. Suivent bientôt *La Philosophie dans le boudoir*, *Florville et Courval*, où, une nouvelle fois, l'érotisme alterne avec les dialogues philosophiques, et même parfois politiques, Sade s'y déclarant ainsi fermement opposé à la peine de mort.

Ses lecteurs retrouvent le style si typiquement sadien : « Livre-toi, Juliette, livre-toi sans crainte à l'impétuosité de tes goûts, à la savante irrégularité de tes caprices, à la fougue ardente de tes désirs ; échauffe-moi de leurs écarts, enivre-moi de tes plaisirs ; n'aie jamais qu'eux seuls pour guides et pour lois ; que ta voluptueuse imagination varie nos désordres ; ce n'est qu'en les multipliant que nous atteindrons le bonheur. Tout ce qui délecte est bon, tout ce qui échauffe est dans la nature. Ne vois-tu pas l'astre qui nous éclaire, dessécher et vivifier tour à tour ? Imite-le dans tes écarts, comme tu le peins dans tes beaux yeux… Souille à loisir toutes les parties de ton beau corps ; souviens-toi qu'il n'en est pas une seule où la lubricité ne puisse avoir un temple, et dont les plus divins seront toujours ceux que tu croiras que la nature s'irrite. »

Une telle production n'améliore cependant pas la situation financière de Donatien. Toujours à court d'argent, il doit quitter Saint-Ouen pour se réfugier chez l'un de ses fermiers de la Beauce, avant de s'établir à Versailles où, pour survivre, il accepte pendant quelques mois l'emploi de… souffleur au théâtre de la ville, tout en vendant ses meubles les uns après les autres ! Ferraillant toujours contre l'administration qui n'a pas levé tous les séquestres de ses biens de Provence, contre ses créanciers, qui l'empêchent de toucher les revenus de ses terres et contre les hommes d'affaires de sa femme, qui lui réclament toujours le remboursement de sa dot, ce que la justice l'a condamné à faire en 1790, il est sans cesse aux abois.

Et pour couronner le tout, voilà qu'il apprend sa propre mort dans le journal *L'Ami des lois* du 29 août 1799 : « On assure que Sade est mort. Le nom seul de cet infâme écrivain exhale une odeur cadavéreuse qui tue la vertu et inspire l'horreur. Il est l'auteur de *Justine ou les Malheurs de la vertu*. Le cœur le plus dépravé, l'esprit le plus dégradé, l'imagination la plus bizarrement obscène ne peuvent rien inventer qui outrage autant la raison, la pudeur, l'humanité. »

L'année 1800, et avec elle le nouveau siècle, s'ouvre donc dans la morosité, bien que quelques rentrées d'argent permettent au couple de se réinstaller à Saint-Ouen. Sade y publie *Les Crimes de l'Amour*, recueil de onze nouvelles écrites à la Bastille. C'est le premier où son nom figure et le dernier publié de son vivant. Croit-il encore que sa plume fertile va arranger sa vie et qu'une vieillesse sereine est encore envisageable auprès de sa compagne ? Il se trompe encore, ignorant que, depuis le coup d'État du 18 Brumaire, il n'est pas en odeur de grâce dans l'esprit du nouveau maître de la France, Napoléon Bonaparte.

Ce dernier, en effet, qui, naguère, aurait lu et parcouru *Justine*, voue une haine implacable à cet ancien grand seigneur libertin, dans lequel il ne voit qu'une sorte de moisissure d'Ancien Régime, parfaitement incompatible avec l'esprit du système qu'il est en train de mettre en place. De surcroît, Sade ou, plus encore, l'œuvre de cet athée immoral gênent considérablement le processus de réconciliation de la nation avec le catholicisme. Ce rapprochement va bientôt se traduire par la signature du Concordat avec le pape Pie VII ralliant, par là même, l'électorat catholique encore largement majoritaire en

France, malgré les excès de pseudo « déchristianisation », six ans plus tôt, qui, au fond, n'était le fait que de quelques excités parisiens. Sacrifier Sade sur cet autel est donc de bonne politique, d'autant – le futur empereur le sait – que personne ne viendra se porter au secours de l'auteur de tant de lignes qui ne sont plus dans l'air du temps, si tant est qu'elles le fussent un jour : « J'ai fait la chouette à quinze hommes ; je fus foutue quatre-vingt-dix fois en vingt-quatre heures, tant par-devant que par-derrière. (…) Ah ! Tu cries, ma mère, tu cries quand ta fille te fout ! Et toi, Dolmancé, tu m'encules ! Me voilà donc à la fois incestueuse, adultère, sodomite, et tout cela pour une fille qui n'est dépucelée que d'aujourd'hui ! » Voire enfin : « Je voudrais que l'univers entier cessât d'exister quand je bande. »

Le 18 août 1800, la police saisit donc une édition complète de *La Nouvelle Justine*, qui est aussitôt détruite. Sade niera en être l'auteur, mais personne ne le croit ! Ne comprend-il pas que cette société consulaire, bientôt impériale, n'a soif que de respectabilité ? Ne réalise-t-il pas, au fond, que ce qui choquait les convenances de l'Ancien Régime, la vertu de la Révolution, et aujourd'hui cette France voulant réconcilier la gloire militaire et le catholicisme retrouvé, continue de heurter une morale officielle incapable de chercher, à travers les outrances du style sadien, le second degré que le XXe siècle découvrira ? La police, en conséquence, prépare la toile d'araignée dans laquelle, inévitablement, l'ancien châtelain de La Coste sera pris. Il ne reste plus qu'à agir au bon moment, comme jadis l'inspecteur Marais, faisant en sorte qu'en trente ans, rien n'a véritablement changé dans cette France qui, chaque jour davantage, retrouve le chemin de la tradition.

Le 6 mars 1801, Donatien se trouve chez son imprimeur, Massé, lorsque la police saisit les manuscrits des derniers textes à publier qui s'y trouvaient, jugés contraires aux bonnes mœurs. Les policiers le raccompagnent à Saint-Ouen, où ils s'emparent de quelques tableaux d'un érotisme flagrant. Ils le conduisent aussitôt à la préfecture de police, où, pendant plusieurs jours, il est mis au secret, dans ce qu'on appelle le dépôt, situé dans les sous-sols de la rue de Jérusalem. Enfin, le 2 avril, il est conduit à Sainte-Pélagie, ce qui constitue une arbitraire atteinte au droit – mais Bonaparte en est coutumier ! – puisque aucune décision de justice ne le justifie. Malgré ses protestations écrites, il va y demeurer deux ans, dans l'indifférence générale, les seuls êtres se préoccupant de son sort étant Sensible et les détenus lettrés avec lesquels, pour tromper l'ennui, il crée une société littéraire, intitulée « Les dîners de Sainte-Pélagie ».

Au début de l'année 1803, cependant, son comportement provoque des plaintes. A-t-il fait des propositions déshonnêtes à de jeunes détenus, comme cela a été dit ? Quoi qu'il en soit, il est transféré à Bicêtre. Le 27 avril, Charles Nodier l'aperçoit ainsi : « Un de ces messieurs se leva de bonne heure parce qu'il allait être transféré et qu'il en était prévenu. Je ne remarquai d'abord en lui qu'une obésité énorme, qui gênait assez ses mouvements pour l'empêcher de déployer un reste de grâce et d'élégance, dont on retrouvait des traces dans l'ensemble de ses manières et dans son langage. Ses yeux fatigués conservaient cependant je ne sais quoi de brillant et de fin, qui s'y ranimait de temps à autre comme une étincelle expirant sur un charbon éteint… »

Avant-dernier degré de sa déchéance sociale, Donatien entre dans ce qu'on appelle « la Bastille de la canaille ». Depuis le règne de Louis XIV, toute la lie de la société y est réunie, prostitués des deux sexes, voleurs, violeurs, fous, assassins, vagabonds, réunis sans ménagement dans ce caravansérail de la misère humaine, auquel Michel Foucault consacrera son livre fondamental, *Histoire de la folie à l'âge classique*. Mais, cette fois, sa famille, pouvant difficilement tolérer qu'un de ses membres – fût-ce lui ! – y soit admis, demande audience au préfet Dubois, pour que lui soit trouvée une geôle plus conforme à sa réputation, rappelant au passage l'ancienneté de sa maison et son titre comtal. La requête est agréée.

Quelques jours plus tard, Donatien est transféré à l'hospice de Charenton. Il n'en sortira plus jamais.

Sade-Laclos, duo fatal. Dans ses *Journaux intimes*, Baudelaire les voit en vis-à-vis, tels les deux apôtres des « évangiles du mal ».

Étés chauds pour Choderlos de Laclos puisqu'il rédige, de juillet 1780 à septembre 1781, son chef d'œuvre, *Les Liaisons dangereuses*. Le jeune officier d'artillerie que l'on voit debout sur l'un des chemins de ronde de la forteresse de l'île d'Aix, regarde l'Océan. Tout autour de lui est de pierre, de ciel, de gris bleuté. Et pourtant il s'ennuie : détaché de son régiment, il travaille à des fortifications sous la direction du général. Les canons des remparts ouvrent la bouche aux flots, mais c'est comme pour recracher leur colère guerrière et dire à l'écume leur honte de vivre en paix. De temps en temps, devant la mer un peu plus bas, se découpe dans les rochers la silhouette d'une sentinelle, bicorne pauvre et fusil triste. On ne voit pas d'où pourrait venir l'ennemi, les mouettes messagères disent qu'il n'existe pas, mais le devoir est de l'attendre. Il fait beau, tout est calme, c'est le matin, c'est aussi le jour où tout l'esprit libertin du XVIIIe siècle germe dans la tête du militaire qui a compris que l'artillerie menait à l'amour à la condition d'en sortir. Maintenant que le soleil se lève sur sa figure, on le voit, on le reconnaît, il est là devant nous, Choderlos de Laclos, le propre auteur de ses relations risquées avec la littérature, celui des *Liaisons dangereuses*.

Tout à l'heure, dans la chambre terne qu'on lui a donnée, il rédigera sur le papier des histoires à rendre rose et épidermique la plus blême des cervelles trempées dans l'eau froide. Miracle de l'écriture et de ses excès, comme Sade dormant avec son imagination à la Bastille, des garnisons les plus fermées naissent les romans les plus ouverts. Narcisse troublant qui ne s'aimerait qu'une fois sur deux, Choderlos de Laclos écrit des lettres et y répond lui-même : il joue avec violence du contraste d'être, de séduire, de se séduire et de déduire. Il voit tout comme un pur jeu de l'esprit et considère la sexualité défaite de l'amour comme un moyen de puissance. Son roman épistolaire est une partie d'échecs, mais sur le damier, il pose des dames dont l'âme est plus noire que blanche. S'il assombrit leur portrait, ce n'est pas qu'il désire voir l'enfer de près, mais seulement ce que serait le ciel en creux. Car la vraie grande littérature, c'est peut-être cela : s'intéresser plus au contraire du bien qu'au mal lui-même. De la même façon, Kierkegaard fera paraître sous un pseudonyme, en 1843, *Le Journal du séducteur*, et, immédiatement après, les *Discours édifiants*. Chaque écrivain existe ainsi dans la passion de son contraire.

Paradoxalement, la phrase de Laclos la plus moderne n'est pas extraite des *Liaisons dangereuses*. Elle révèle une de ses facettes qu'on ne connaît guère dans son *Discours sur l'éducation des femmes* : « Ô femmes ! Que votre curiosité dirigée une fois sur des objets utiles contemple les avantages que vous avait donnés la nature et que la société vous a ravis. Venez apprendre comment (...), dégradées de plus en plus par une longue habitude de l'esclavage, vous en avez préféré les vices avilissants mais commodes aux vertus plus pénibles d'un être libre et respectable... La révolution qui vous sortira de là est-elle possible ? C'est à vous seules de le dire, puisqu'elle dépend de votre courage. » Oui, c'est bien ce propos radicalement féministe que Laclos a tenu en 1783 à l'académie de Châlons-sur-Marne. Ne croirait-on pas qu'il est encore vivant, ce général d'artillerie nommé par

Bonaparte, qui décidait, le 18 germinal de l'an IX, d'écrire un ouvrage moral sur le bonheur dans la famille – le même Laclos qui, à l'armée du Rhin, ignorait toujours que Marie-Antoinette avait fait relier *Les Liaisons dangereuses* sans oser y faire inscrire le titre de l'ouvrage, ni même le nom de l'auteur ?

Puis vint Balzac pour évoquer l'immoralité de Laclos et faire allusion à la perversité de Sade à propos de *Justine* : « On nous parle de l'immoralité des *Liaisons dangereuses*, et de je ne sais quel autre livre qui a un nom de femme de chambre : mais il existe un livre horrible, sale, épouvantable, corrupteur, toujours ouvert, qu'on ne fermera jamais, le grand livre du monde, sans compter un autre livre mille fois plus dangereux, qui se compose de tout ce qui se dit à l'oreille, entre hommes, ou sous l'éventail entre femmes, le soir, au bal. » Pourtant il va s'en inspirer pour *La Fille aux yeux d'or*.

Lorsque Sade est détenu à la prison de Sainte Pélagie où Constance vient le visiter régulièrement, il a pour voisin le journaliste monarchiste Ange Pitou, dont Alexandre Dumas rendra le nom célèbre. Dans son *Analyse de mes malheurs et de mes persécutions depuis vingt-six ans* Ange Pitou parle longuement du Marquis et surtout donne une interprétation de son projet littéraire qui est des plus révélatrices : « Dans les dix-huit mois que j'ai passés à Sainte Pélagie en 1802 et 1803, en attendant mes lettres de grâce, j'étais dans le même corridor que le fameux Marquis de Sade, auteur du plus exécrable ouvrage que la perversité humaine ait jamais inventé… L'ambition de la célébrité littéraire fut le principe de dépravation de cet homme qui n'était pas né méchant. Ne pouvant élever son vol au niveau des écrivains moraux du premier ordre, il avait résolu d'entrouvrir le gouffre de l'iniquité, de s'y précipiter pour reparaître enveloppé des ailes du génie du mal et de s'immortaliser en divinisant publiquement tous les vices. » Ici, Ange Pitou touche à ce qui pourrait être la vérité toujours dissimulée de la démarche du Marquis de Sade : « Cependant, on apercevait encore en lui des traces de quelque vertu, telle que la bienfaisance. Cet homme frémissait à l'idée de la mort et tombait en syncope en voyant ses cheveux blancs. Parfois, il pleurait en s'écriant, dans un commencement de repentir qui n'avait pas de suite : « Mais pourquoi suis-je aussi affreux ?... Et pourquoi le crime est-il aussi charmant ? Il m'immortalise, il faut le faire régner dans le monde. »

Sade est-il sans vouloir le savoir à partir de la bienveillance sur le chemin de la bonté ? Cette bonté que Beethoven voyait comme « le signe distinctif d'un esprit supérieur », dont Guillaume Apollinaire a pu écrire : « Nous voulons explorer la bonté, contrée énorme où tout se tait. », que Marcel Proust, dont on célèbre cette année le centenaire de l'œuvre, vantait en ces termes dans *La Recherche du temps perdu* : « Le comble de l'intelligence, c'est la bonté. » Cela confirmerait la thèse d'Emile Zola selon laquelle le Marquis de Sade n'est autre qu'un catholique *retourné*.

À l'opposé, la vision de Sade de la libération de la femme est spectaculaire pour l'époque : « Sexe charmant, vous serez libre ; vous jouirez comme les hommes de tous les plaisirs dont la nature vous fait un devoir ; vous [ne] vous contraindrez sur aucun. La plus divine partie de l'humanité doit-elle donc recevoir des fers de l'autre ? Ah ! brisez-les, la nature le veut ; n'ayez plus d'autre frein que celui de vos penchants, d'autres lois que vos seuls désirs, d'autre morale que celle de la nature ; ne languissez pas plus longtemps dans ces préjugés barbares qui flétrissaient vos charmes et captivaient les élans divins de vos cœurs ; vous êtes libres comme nous, et la carrière des combats de Vénus vous est ouverte comme à nous ; ne redoutez plus d'absurdes reproches ; les pédantismes et la superstition sont anéantis ; on ne vous verra plus rougir de vos charmants écarts ; couronnées de myrtes et de roses, l'estime que nous concevrons pour vous ne sera plus qu'en raison de la plus grande étendue que vous vous serez permis de leur donner. » Ainsi le divin marquis voit-il pour les femmes un avenir radieux : « Ayant reçu des penchants bien plus violents que nous aux plaisirs de la luxure, je dis donc que ces femmes pourront s'y livrer tant qu'elles le voudront, absolument dégagées de tous les liens de l'hymen, de tous les faux préjugés de la pudeur, absolument rendues à l'état de nature ; je veux que les lois leur permettent de se livrer à autant d'hommes que bon leur semblera, je veux que la jouissance de tous les sexes et de toutes les parties de leur corps leur soit permise comme aux hommes ; et, sous la clause spéciale de se livrer de même à tous ceux qui le désireront, il faut qu'elles aient la liberté de jouir également de tous ceux qu'elles croiront dignes de les satisfaire. »

Enfin, offrons la conclusion à Jean-Paul Brighell qui, dans son essai *Sade, la vie, la légende*, rapproche remarquablement Sade de Laclos : « D'où la comparaison avec l'auteur des *Liaisons dangereuses*, cet autre "météore désastreux" paru sous un "ciel enflammé" de la fin du siècle (écrira le comte de Tilly) : Sade possédait un exemplaire de ce roman tout frais sorti des presses dans sa prison de la Bastille, et *Aline et Valcour* est peut-être une tentative pour rivaliser avec le modèle indépassable de Laclos. »

Sade et Laclos à Picpus ou le rendez-vous manqué. Au cœur de la Terreur, menacés par l'échafaud, tous deux en danger de mort, ils s'y croisent sans se voir. Pourtant ils auront un destin commun : ils survivront à la Révolution et passeront à la postérité.

13

LA RÉCLUSION PERPÉTUELLE À UNE LIEUE DE PARIS

> « Ma façon de penser ne peut être approuvée ? Eh, que m'importe ! Bien fou est celui qui adopte une façon de penser pour les autres. Ma façon de penser est le fruit de mes réflexions. Elle tient à mon existence, à mon organisation. Je ne suis pas le maître de la changer ; je le serais que je ne le ferai pas. Cette façon de penser fait l'unique consolation de ma vie ; elle allège toutes mes peines en prison et j'y tiens plus qu'à la vie. »
>
> Sade

À l'hospice de Charenton, un soir de l'hiver 1808, disposés sur les gradins d'une vaste salle éclairée de bougies, quelque deux cents spectateurs attendent le lever de rideau. Comme dans chaque théâtre – même si celui-ci est inhabituel ! – les conversations vont bon train, les dames parlant mode ou potins mondains, les hommes politique ou affaires militaires. Le Grand Empire, alors au sommet de sa puissance, semble inébranlable, dominé par la toute-puissance de son chef, l'empereur Napoléon Ier, qui a soumis toute l'Europe à son autorité, depuis ce palais des Tuileries, à une lieue à peine de Saint-Maurice. Il y règne en autocrate, servi par une cour au protocole militaire, tout à la fois somptueuse et ennuyeuse, dans laquelle, contrairement à celle des rois, on ne s'amuse pas du tout. Autant dire que les occasions de transgresser sont rares, à Paris, ce qui fait tout le succès de ce théâtre de Saint-

Maurice où – pensez donc ! – une fois par mois, de vrais fous jouent la comédie devant un public choisi.

C'est à ce moment que le bâtonnier, dissimulé derrière le décor, en contrebas, frappe les trois coups. En habit sombre, celui-ci est aussi le metteur en scène du spectacle, parfois même l'un de ses comédiens, lorsque la pièce requiert la présence d'un vieil homme, voire, souvent, l'auteur de la pièce. Avant de frapper, toutefois, ce dernier discute des derniers détails du spectacle avec un autre homme, qui pourrait interpréter le Quasimodo de *Notre-Dame de Paris*, si Victor Hugo – encore adolescent cette année-là – l'avait déjà écrite. Qu'on en juge : un bossu d'à peine 1,20 mètre, aux jambes torses et aux traits particulièrement ingrats. Et pourtant, cet homme de bonne naissance, ancien prêtre prémontré, mais apostasié sous la Révolution, a été député à l'Assemblée constituante en 1789 et même, il y a peu, au Corps législatif. Très fortuné, il s'est fait nommer directeur de l'hospice de Charenton, qu'il a fait rénover. Ce franc-maçon imbu d'esprit philosophique y règne en maître, l'administrant comme une bonne affaire – la plupart des 400 pensionnaires acquittent une pension élevée, 3 000 francs par an – et en bon père de famille, même si, selon les mauvaises langues, il profite parfois de sa position pour caresser les très jeunes filles émoustillant ce quadragénaire peu gâté par la nature. C'est peut-être en vertu de cette complicité pour leurs petits vices communs qu'il autorise, à l'été 1804, Marie-Constance Quesnet à partager la vie de ce pensionnaire devenu son ami, à la condition cependant, pour préserver une fiction de bonnes mœurs, qu'on la fasse passer pour sa fille.

Ainsi le marquis de Sade, tel le phénix, renaît à nouveau de ses cendres dans le meilleur de ses rôles – celui qui, au fond, a toujours été le sien, homme de théâtre – avec la complicité de François Simonnet de Coulmiers. Ils partagent cette idée, extrêmement moderne et totalement inédite à l'époque, de tenter de soigner la folie par le théâtre. Tous deux ont aussi besoin l'un de l'autre. Sade parce que, grâce à Coulmiers, il bénéficie d'une réelle liberté dans l'enceinte de l'hospice et peut se livrer à son art ; Coulmiers, parce qu'en protégeant Sade, il pense peut-être entrer dans l'histoire et, en tout cas, expérimenter ses idées philanthropiques. De leur rencontre naît une extraordinaire expérience thérapeutique. Elle montre combien non seulement Donatien est très en avance sur les idées de son temps, mais de quelle manière il a su mener sa barque aux limites de cet inconscient que personne n'a encore codifié, mais dont il perçoit l'existence. Ce que notre époque appellerait des séances de thérapie collective, tous deux le baptisent « traitement moral ». À cet effet, Coulmiers, non seulement autorise l'expérience, mais encore fait construire un théâtre dans l'établissement, avec tout ce qu'il faut pour le faire fonctionner, scène, machinerie de décors, fosse d'orchestre, trou de souffleur, rideau et coulisses.

Les trois coups frappés, le rideau s'ouvre. Éclairés par une rampe de chandelles, les comédiens commencent à se donner la réplique, tout en effectuant les jeux de scène prévus et répétés. Le public retient son souffle, attendant peut-être des explosions de violence, des évanouissements, voire des viols en public. Mais rien de tel. Les pensionnaires de Charenton interprètent correctement leurs rôles, avec, peut-être parfois, un regard trop intense ou un ton de voix trop appuyé, conformes au dérèglement intérieur de leur âme, que l'on nomme alors *mélancolie*. Certes, les aliénés ne sont pas les seuls acteurs, puisque des professionnels sont également requis. Parfois même, Donatien monte sur scène, accompagné de Sensible. Si c'est toujours lui qui règle la mise en scène, dirige les répétitions et supervise tout jusqu'aux moindres détails de décor, de costumes ou même de répertoire, c'est encore lui qui choisit les pièces, le plus souvent de Molière, Marivaux ou Mercier, parfois encore les siennes, comme *L'Esprit de contradiction* ou encore *Marton et Frontin et les deux Savoyards*. On peut voir au cabinet des Estampes de la Bibliothèque nationale un album de croquis réalisés sur le vif par le peintre Gabriel représentant, en situation, les expressions de certains pensionnaires de Charenton sur scène. Il existe de surcroît une charge contre Sade lui-même, brossée par Labouisse, alors qu'il interprète *L'Impertinent* de Demahis :

Cet acteur est très gros, très gras, très froid, très lourd ;
C'est une masse large, un vilain homme court,
Dont la tête représente une ruine honteuse ;
Et cependant, maints spectateurs balourds
Le reclaquaient d'une main trop flatteuse,
Quoique souvent il restât court.

La représentation achevée, les applaudissements fusent, les comédiens saluent et, une fois le public parti, un souper est généralement offert à la troupe ainsi qu'à des invités triés sur le volet. On y fait bonne chère, ainsi qu'assaut d'esprit, Sade le premier, qu'observe attentivement le jeune Armand de Rochefort, alors employé au ministère de l'Intérieur, le 6 octobre 1812, à l'occasion de l'anniversaire de Monsieur de Coulmiers : « Je trouvais ma place à une table où plus de soixante convives étaient réunis. À ma gauche était un vieillard à la tête penchée, au regard de feu, les cheveux blancs qui le couronnaient donnaient à sa figure un air vénérable qui imposait le respect. Il me parla plusieurs fois avec une verve si chaleureuse et un esprit si varié qu'il m'était très sympathique. Quand on se leva de table, je demandais à mon voisin de droite le nom de cet homme aimable. Il me répondit que c'était le marquis de Sade. À ce mot, je m'éloignai de lui avec d'autant plus de terreur que si j'avais été mordu par le serpent le plus venimeux. Je savais que ce malheureux vieillard était l'auteur d'un roman monstrueux où tous les délires du crime étaient publiés au nom de l'amour. Disons plus, je l'avais lu ce livre infâme, qui ne m'avait laissé d'autre impression que celle du dégoût d'une exécution en place de Grève, mais j'ignorais qu'un jour j'en verrai le créateur assis à la table du directeur d'un établissement public. »

Cette fascination, d'autres l'éprouvent encore, comme Mademoiselle Flore, comédienne au théâtre des Variétés. Invitée, l'année suivante, à une représentation à l'hospice, un soir où on donne *Le Dépit amoureux*, elle livre à son tour ses impressions sur cet homme qu'elle regarde comme « une espèce de curiosité » : « Il semblait que sa figure fût l'enseigne de son esprit et de son caractère. Je l'ai encore devant les yeux et j'ai la mémoire des physionomies comme celle des noms. Il avait une assez belle tête, un peu longue, le nez aquilin, les narines ouvertes, la bouche étroite et la lèvre inférieure saillante. Les coins de sa bouche retombaient avec un sourire dédaigneux. Ses yeux, petits mais brillants, étaient dissimulés sous une forte arcade qu'ombrageaient d'épais sourcils ; ses paupières plissées recouvraient les coins de l'œil comme ceux d'un chat ; son front découvert s'élevait en ovale, il était coiffé de ses cheveux relevés en toupet à la Louis XV, ses faces étaient légèrement bouclées, le tout était parfaitement poudré et cette chevelure lui appartenait quoiqu'il fût âgé de soixante-quatorze ans. Sa taille était droite, son port noble était celui d'un homme de la haute société… Il avait conservé de grandes manières et beaucoup d'esprit. »

De ce fait, Sade et Coulmiers, avec la complicité du médecin-chef Gastaldy – qui, natif d'Avignon, a bien connu Sade jadis –, anticipent la psychiatrie moderne, malgré les réserves de certains, comme Hippolyte de Colins : « On fait ici un remède unique, et dont le charlatanisme a fait un bruit incroyable. Voici en quoi il consiste. On joue à l'hospice de Charenton, une fois par mois environ, des comédies, des opéras, des drames. Le spectacle est ordinairement composé de deux pièces. On y a quelquefois ajouté un ballet et, à la fête du directeur, un feu d'artifice pour lequel on a fait payer six francs aux parents des malades. Pour attirer du monde à ces spectacles, on n'a pas manqué de répéter que ce sont des fous qui jouent eux-mêmes ces pièces et que tous ceux d'entre eux qui sont susceptibles d'être spectateurs ont l'avantage d'y assister. De plus, le directeur distribue à Paris et dans les campagnes voisines une grande quantité de billets d'invitation signés par lui et conçus de manière à piquer la curiosité. Chacun veut voir une aussi grande merveille et être témoin des efforts prodigieux que cette admirable invention produit sur les aliénés. C'est par ce moyen, disent les louangeurs complaisants, qu'on éloigne de leur imagination toute idée fausse. »

Bien que Théophile de Bordeu, qui fut le médecin de Madame de Pompadour, au siècle précédent, ait pressenti ce que Freud, dans quelques décennies, allait nommer *l'inconscient*, la psychiatrie est encore embryonnaire en ce début du XIXe, même si le docteur Esquirol a déjà soutenu sa thèse, lui qui va s'imposer comme le premier véritable aliéniste. L'initiative de Sade, libérer les fous par le théâtre, constitue donc une extraordinaire modernité, que personne ou presque ne comprend, le public venant là pour se divertir et non pour tenter de comprendre l'expérience. Colins, de ce fait, n'est pas le seul à se méfier de Sade. Le préfet de police, Dubois, dénonce « un homme incorrigible, dans un perpétuel état de démence libertaire ». De ce fait, Sade n'est pas à l'abri des perquisitions, telle celle du 5 juin 1807, où est saisi le manuscrit des *Journées de Florbelle* – avatar de celles de Sodome – dans lesquelles ledit préfet Dubois voit « dix volumes d'atrocités, de blasphèmes, de scélératesse, allant jusqu'au-delà des horreurs de *Justine* et de *Juliette* », comme il l'écrit au ministre Fouché, ajoutant qu'il est « impossible de lire de suite ces dix volumes (...) [où] il règne constamment, au milieu de l'obscénité et de la débauche la plus raffinée, une extravagance raisonnée, dont heureusement peu d'hommes seraient capables », ce qui laisse entendre qu'il n'y a pas seulement jeté un œil.

Le rapport précise, à cette occasion, que furent encore confisqués, ce même jour, « des instruments du plus dégoûtant libertinage », c'est-à-dire ces objets à vocation masturbatoire dont il ne parvient pas à se passer, ou tout simplement suggestifs, comme cette singulière canne, dite de Sade, aujourd'hui conservée dans une collection privée, avec ses phallus sculptés entrelacés. Qu'a dû penser le préfet Dubois de tout cela, ou de ce genre de vers, dans lesquels, jusqu'à la fin, Sade crie sa haine de Dieu :

Quant à moi, j'en conviens, l'horreur que je te porte,
Est à la fois si juste, et si grande et si forte,
Qu'avec plaisir, Dieu vil, avec tranquillité,
Je me masturberais sur ta divinité,
Ou je t'enculerais, si ta frêle existence
Pouvait offrir un cul à mon incontinence.

Un autre témoignage fait part de l'horreur que suscite toujours le nom de Sade, celui de l'ancien préfet de Gallion, lui aussi interné à Saint-Maurice, stupéfait de constater que, au-dessous de lui, loge le divin marquis : « Je n'étais pas le maître de l'impression que sa seule vue faisait sur moi, lorsque je le rencontrais. Je fus ensuite étonné d'apprendre qu'un pareil homme était dans l'intimité de M. de Coulmiers qui, bientôt, m'en donna une preuve. Il me demanda un jour dans son cabinet pourquoi je ne faisais pas société avec M. de Sade, ce qu'il m'avait fait. Je lui répondis, fort étonné, qu'il me serait impossible de pouvoir me lier avec un pareil homme. Il se mit en colère et osa me dire qu'on voyait la paille dans l'œil de son voisin et pas une poutre dans le sien. Je m'en allai en lui disant que de pareilles réflexions lui faisaient beaucoup plus de tort à lui qu'à moi. Quelques jours après, je fus insulté dans les jardins par Sade et sur la plainte que j'en portai à M. de Coulmiers, j'en fus reçu très froidement. »

La personnalité de Coulmiers – qui fut l'un des premiers à s'insurger contre l'idée que les fous étaient des criminels – a ainsi fasciné nombre de ses contemporains, de même que les historiens qui se sont penchés sur son cas, parmi lesquels la talentueuse Laure Murat.

La mort, cependant, du docteur Gastaldy, victime d'une crise d'apoplexie, le 20 décembre 1805, et la nomination, le 23 janvier 1806, du docteur Royer-Collard, frère du célèbre homme politique, va perturber cette existence paisible. Ce dernier, ancien prêtre devenu médecin, bon père de famille aux mœurs austères, ne supporte pas, en effet, la présence de l'auteur de *Justine*. Il estime que sa place devrait être « dans une maison de sûreté ou un château fort, car s'il n'est pas fou, il rend fou », comme il l'explique au ministre Fouché dans une longue lettre, datée de 1808, où il dénonce la trop grande liberté dont jouit Donatien et surtout ses activités scéniques : « On a eu l'imprudence de former un théâtre dans cette maison, sous prétexte de faire jouer la comédie par les aliénés et, sans réfléchir aux funestes effets qu'un appareil aussi tumultueux devait nécessairement produire sur leur imagination. M. de Sade est directeur de ce théâtre… Il n'est pas nécessaire, je pense, de faire sentir à Votre Excellence le scandale d'une pareille existence et lui représenter les dangers de toute espèce qui y sont attachés. Si ces détails étaient connus du public, quelle idée se formerait de cet établissement où l'on tolère de si étranges abus ? » D'où l'ordre donné de faire transférer le prisonnier au fort de Ham, qui, *in fine*, n'est pas exécuté, Coulmiers, sous divers prétextes, permettant d'y surseoir, quitte à livrer avec Royer-Collard une véritable guerre intestine.

En fait, ce qui insupporte le plus ces fâcheux ce sont non seulement les applaudissements que recueille le divin marquis à la fin des représentations, mais encore les petits soupers qui les suivent, dans lesquels les comédiennes sont invitées, comme si, avec son complice Coulmiers, il faisait fi de son statut de prisonnier retranché de la société. Se croit-il encore à La Coste sous le règne du feu roi, tandis que sautent les bouchons de champagne et que fusent les galanteries entre deux bons mots ?

Entre-temps, à la fin du printemps de l'année 1809, Donatien apprend la mort de son fils aîné, survenue le 9 juin, dans des circonstances bien singulières. Sous-lieutenant au régiment de Soubise en 1783, Louis-Marie de Sade avait émigré au commencement de la Révolution et servi dans l'armée des Princes, dirigée par Louis-Joseph de Bourbon, prince de Condé, qui était son parrain. Rentré en France en 1795, il avait exercé le métier de graveur, à Paris, avant d'intégrer l'armée impériale en qualité de capitaine d'infanterie, ce qui lui valut de se distinguer à la bataille de Friedland, où il fut blessé. Appelé à servir à Corfou, il allait prendre son bateau à Otrante lorsqu'il fut assassiné dans la province d'Avellino par des brigands ou par des patriotes insurgés, au crépuscule de sa quarante-deuxième année. Un an plus tard vient le tour de sa mère, qui s'éteint au château d'Échauffour le 7 juillet 1810, après avoir, dit-elle, « largement payé son tribut à la misère humaine ».

Quelle est la réaction de Donatien, à l'annonce de cette nouvelle ? Son aîné était incontestablement son préféré, lui qui, avec une nature artiste prononcée, avait appris le métier de graveur après son retour d'émigration, était bon musicien, quelque peu libertin, et même – bon sang ne saurait mentir ! – écrivain à ses heures, comme son père et son grand-père. On ne sait. Il lui reste un second fils, lui aussi rentré d'émigration, Claude-Armand. Ancien chevalier de Malte, il a épousé, le 15 décembre 1808, sa cousine Louise-Gabrielle-Laure de Sade, dernière émanation de la branche des Sade, seigneurs d'Eyguières, avec laquelle il vit confortablement au château de Vallery, dans l'Yonne, dont il a hérité de son oncle, avant de devenir, à la mort de son beau-père, châtelain de Condé-en-Brie. Par leurs trois enfants, ils sont les auteurs de l'actuelle famille de Sade. Donatien ne sera grand-père qu'une fois, lorsqu'en 1809 naît son petit-fils René – appelé à mourir, noyé, l'année de ses 11 ans –, les autres ne devant naître qu'après sa mort. Quant à sa fille, Madeleine-Laure de Sade, elle demeure auprès de sa mère au château d'Échauffour en Normandie, où elle s'éteindra, vierge, célibataire et dévote, le 18 janvier 1844, à l'âge de 73 ans.

Va-t-on, compte tenu de ses deuils successifs, le laisser enfin en paix ? Même pas ! En 1810, en réponse à une supplique que Donatien a lui-même adressée à l'empereur Napoléon, le ministre de l'Intérieur, Montalivet, adresse ce nouvel ordre à Coulmiers : « Considérant que le sieur de Sade est atteint de la plus dangereuse des folies, que ses communications avec les autres habitués de la maison offrent des dangers incalculables, que ses écrits ne sont pas moins insensés que ses paroles et sa conduite, il sera placé dans un local entièrement séparé, de manière que toute communication lui soit interdite, sous quelque prétexte que ce soit. On aura le plus grand soin de lui interdire tout usage de crayons, d'encre, de plumes et de papier. » Cet ordre n'est pas appliqué en raison de l'état de santé dégradé de l'intéressé qui, de surcroît, est très occupé à achever ses trois derniers textes. Ils n'ont aucun rapport avec les précédents, puisqu'il s'agit d'études historiques et non érotiques. La première est *Adélaïde de Brunswick* ; la deuxième l'*Histoire secrète d'Isabelle de Bavière, reine de France*, dans laquelle il brosse un portrait au vitriol de la femme de Charles VI ; la troisième, *La Marquise de Gange*, consacrée à l'histoire d'une Provençale assassinée au Grand Siècle.

Entre-temps la sourde mais haineuse guerre entre Coulmiers et Royer-Collard bat son plein, mais cette fois au détriment du premier. En 1813, au terme de nombreuses plaintes contre la présence de Sade, le théâtre ou les petites affaires sexuelles du directeur, celui-ci est limogé et remplacé par l'ancien avocat Roulhac-Dumaupas, qui, lui, épouse les idées du médecin. Première mesure de la nouvelle direction, la suppression des représentations théâtrales de l'hospice, ce qui va sonner la propre fin de Sade, désormais coupé de ce dernier lien qui, jusque-là, l'unissait au monde, ou pour tout dire sa principale façon de communiquer avec lui.

Enfin, pas tout à fait, puisqu'il lui reste Marie-Constance Quesnet et une petite lingère, pour laquelle il s'est pris d'intérêt, une gamine de 12 ans, Madeleine Leclerc, à qui il apprend à lire et à écrire. Quelle est la nature de cette relation entre la jeune employée se muant peu à peu en femme et le vieux marquis durant ses dernières années ? De nombreuses pages ont été consacrées à cette ultime liaison, laissant davantage libre cours aux fantasmes des littérateurs qu'à ceux du vieux marquis, bien éprouvé par l'âge, et dont on imagine difficilement qu'il soit capable, sinon bien sûr de ressentir du désir, du moins peut-être de l'assouvir. L'a-t-il touchée, comme on l'a dit, ou a-t-il laissé libre cours à un sentiment que, jusque-là, il n'avait jamais éprouvé, le goût de la protection ? Seul un journal codé, dont il n'a pas livré la clé, témoigne de cette relation, à quelques mois de sa propre fin. « Je serai toujours plus grand par mon innocence et ma franchise, laisse-t-il tomber un jour, que mes ennemis par leur bassesse et les rancœurs secrètes qui les conduisent. » Cette ultime relation, en tout cas, apporte peut-être une lumière nouvelle sur l'énigme Sade.

« Déjà, voici quelqu'un d'incompréhensible, hors nature et hors société. Élevé par les maîtresses de son père, le jeune Sade apparaît d'emblée à ces femmes vives et spirituelles comme un singulier enfant. » Ainsi Philippe Sollers débute-t-il sa réflexion d'un demi-siècle sur le destin du divin marquis.

« Qu'il n'y ait pas de précédent à Sade, je crois que, quand même, ça vous saute à la figure quand vous le lisez », écrit Philippe Sollers.

Sade-Sollers, c'est cinquante ans de corps-à-corps des théories et un demi-siècle de conversation des esprits. L'écrivain d'aujourd'hui n'a cessé de pourfendre le malentendu orchestré autour des écrits et de la vie de Sade. Dans une œuvre étincelante, de chapitre en chapitre et de livre en livre, de *Sade contre l'Être suprême*, *Sade dans le temps* à *La Guerre du goût* et de *Discours parfait* à *Fugues* en passant par *Éloge de l'infini*, Philippe Sollers écarte avec une lucidité tranchante le bal des faux-semblants.

Dans son île, l'île de Ré, ré mineur, ré majeur, sa maison d'enfance donne sur un bras de mer. C'est là que j'ai entendu sous la fosse d'orchestre du ciel, entre les cris dissonants des mouettes, le virtuose de Sade : « Comme Jean-Sébastien Bach est un très grand musicien, Sade est un compositeur. L'imagination est débordante, la composition est parfaite. (…) La belle-mère de Sade : une âme pleine de boue et de chiffres. (…) La politique infecte tout à partir toujours des analyses qu'on fait ou qu'on ne fait pas de la Révolution française. Et à ce moment-là, dans le bavardage intense, la musique de Sade disparaît. (…) Ce que Robespierre déteste dans l'athéisme, c'est qu'il est aristocratique.

(...) Vous parlez à un Girondin. C'est mon parti. Sade, malgré son discours contre Charlotte Corday, était considéré comme une créature de l'enfer. (...) Le principe de délicatesse de l'aristocratie peut parfois être compatible avec la révolution. (...) Les Romantiques sont dans la crique, ils ne savent pas où est la falaise. (...) Les intellectuels, c'est le clergé de notre époque. » Puis il répète sa profession de foi, qui est aussi celle de Céline : « Le français est langue royale. »

Pour Philippe Sollers, dans « Sade dans le texte », l'éloge prend la forme d'une grande question : « Comment se fait-il que ce texte, donc, immense, cohérent, minutieux et qui est paradoxalement déclaré monotone et ennuyeux alors qu'il est un des plus variés et des plus passionnants de notre bibliothèque, comment se fait-il que ce texte soit à la fois lu ou édité partiellement et réduit à quelques significations majeures, lesquelles sont ensuite déclarées exceptionnelles ? Comment se fait-il que Sade soit à la fois interdit et admis, interdit comme fiction (comme écriture) et admis comme réalité ; interdit comme lecture globale et admis comme référence psychologique ou physiologique ? »

Tout d'abord, Sollers nous dit pourquoi et comment Sade est un grand écrivain. Sa démonstration dans *Sade dans le temps*, qui précède *Sade contre l'Être suprême*, commence par ce mot magique : « relire ». « Relire *La Nouvelle Justine* et *Juliette* est un enchantement. On est réveillé, allégé, dissous, étonné, fatigué, instruit, amusé, débordé, reconstitué, recentré. Je ne dirais cela d'aucun autre livre. Je comprends mieux pourquoi les romans me paraissent en général accroupis et stupides : pourquoi surtout, la tyrannie souple dans laquelle nous vivons veut cette stupidité. Jamais l'art du roman n'a été porté à cette rigueur de composition, à cette rapidité de contours. Sade ou l'art de la fugue, l'offrande musicale de la conscience, vermisseau en sursis, en ressort plus précieuse, irremplaçable. Ce qui reste de Sade est d'une délicatesse infinie. Le corps humain a toujours été en danger, il l'est plus que jamais. Sade a vu cette violence déréglée, ce gaspillage. Son monde est plus vibrant, plus intense que le nôtre et, en même temps, étrangement calme, olympien. La foudre surgit du repos. Ses personnages ont tous des traits inoubliables, ce sont des dieux. De mauvais dieux, sans doute, mais qui nous changent de ceux, réputés bons, qui tolèrent, bénissent ou manœuvrent les atrocités en cours. » Philippe Sollers explique également en quoi Sade est un révolutionnaire en dehors des révolutions. En une double page de *Fugues*, intitulée « Sade au Brésil » et datée de Rio le 4 novembre 2001, il édicte à ce sujet ses sept commandements :

1. Sade a sans aucun doute aimé le *mouvement* de la Révolution, mais comme je l'ai montré dans *Sade contre l'Être suprême* (Gallimard), il a détesté la Terreur dans ce qu'elle avait de mortification froide et automatique. Il aurait d'ailleurs dû être guillotiné comme Girondin par le Tribunal révolutionnaire de Fouquier-Tinville. Il n'a été sauvé que par les manœuvres de sa maîtresse qu'il appelle « Sensible ». C'est tout dire.
2. Sade est évidemment dans l'excès irrécupérable par tout système politique. Il est, dit-il lui-même, « détenu sous tous les régimes ». Le moins mauvais est celui qui le laisserait en liberté. Après des années et des années de censure, son œuvre est désormais disponible dans les pays démocratiques avancés. Mais qui sait la penser ?

3. Chaque fois que le mot « dieu » est prononcé, Sade entre en effervescence. Il se moque de tous les systèmes, le positivisme d'Auguste Comte l'aurait fait mourir de rire. Il n'y a pour lui que des désirs en action. C'est l'anarchiste aristocratique absolu. Il suffit de le lire.
4. La censure opère maintenant directement dans les têtes spectacularisées. Sade est publié sur papier bible, mais le cerveau pour le lire est anesthésié et réduit. Après la censure dure, la censure molle. Après la Terreur, le terrorisme. C'est toujours le même sommeil de la Raison.
5. Sade est très en avance par rapport à Flaubert et aux surréalistes (encore imprégnés de romantisme). La liberté qu'il incarne s'entend mieux chez Mozart.
6. Les universitaires font partie de l'organisation de la censure molle. La poésie grandiose de Sade leur échappe complètement. En réalité ce sont tous (et toutes) des petits-bourgeois planétaires. La *noblesse* de Sade est ainsi rabaissée au niveau du fantasme, son électricité disparaît dans le commentaire. Lire réellement Sade demande une oreille musicienne : elle seule peut jouir de ce qu'elle lit sans inhibitions.
7. Le libertinage, en fait, est une école philosophique de pureté intransigeante. Dès qu'il y entre le moindre atome de vulgarité, c'est fini. Sade, vous l'avez compris, est énorme, mais jamais vulgaire. Or la planète est en train de se vautrer, par tous les bouts, dans une vulgarité massive insensée.

Quand vient l'heure du coucher du soleil, un cygne blanc s'avance dans le bras de mer. « C'est le bonjour d'Apollon », glisse Philippe Sollers. Au loin, dans le crépuscule doré se détache le clocher peint en noir de l'église d'Ars – qui sert d'amer aux marins – tandis que le phare des Baleines capte tous les rêves de voyage. Sa femme, Julia Kristeva, parle d'une algue qui grandit dans les eaux chaudes des marais et qui, alchimie marine, teinte de rose la fleur de sel.

Enfin les mouettes se sont tues et Sollers prononce une phrase dont je ne sais plus, en contemplant la mer au-delà d'une flottille de cyprès bleus, si elle est de lui ou du divin marquis : « La nature n'a créé les hommes que pour qu'ils s'amusent de tout sur la terre. C'est sa plus chère loi, ce sera toujours celle de mon cœur. »

14

UNE POSTÉRITÉ PARADOXALE

« Ce n'est pas ma façon de penser qui a fait mon malheur, c'est celle des autres. »

Sade

Le matin du 2 décembre 1814, à Saint-Maurice, tandis qu'un froid vif saisit l'Île-de-France et que peu d'habitants se risquent au-dehors, le dernier acte d'une pièce se joue dans une chambre de l'hospice de Charenton. Il ne s'agit plus cette fois de la fiction du théâtre, mais de la réalité de la vie. Sur un lit de fer, couché entre deux draps que dissimule une courtepointe d'indienne bien fanée, un vieillard livre son dernier combat, face à cette bibliothèque encombrée de livres, face aussi à ce bureau en poirier noirci sur lequel s'appuie un fauteuil de velours d'Utrecht. L'un et l'autre, recouverts de papiers de toutes sortes, débordant de multiples portefeuilles au cuir usé, résument l'essentiel d'une existence d'intellectuel consacrée à l'écriture.

Si un bon feu de bois illumine la cheminée, il ne parvient pas à réchauffer l'agonisant livide et déjà presque froid, qui ne voit plus, dans leurs cadres dorés, les portraits de Jean-Baptiste de Sade et d'Éléonore de Maillé, ses parents, d'Anne-Prospère de Launay, sa belle-sœur et ancienne maîtresse et de Mademoiselle de Charolais déguisée en saint François – la sœur du prince de Condé, qui fut jadis la maîtresse de Jean-Baptiste –, ainsi que le tendre visage, celui-là bien réel, de sa compagne, Marie-Constance Quesnet. Assise près de son lit, résignée, elle est décidée à le veiller jusqu'au bout, telle la réincarnation de la Laure aimée de Pétrarque, qu'il a tant de fois imaginée le visitant dans ses innombrables réclusions. Dehors, les premiers flocons de neige commencent à tomber en silence, étouffant les moindres bruits qui pourraient parvenir jusqu'à ce lieu hors du temps, comme s'il s'agissait de ne pas troubler cet instant où le marquis de Sade tire sa révérence, dix ans, jour pour jour, après le sacre de son vieil ennemi Napoléon, à qui il doit d'être ici depuis tant d'années.

Les heures passent et l'agonie, causée par une pathologie pulmonaire compliquée de sourdes douleurs au bas-ventre, commence bientôt, sapant la redoutable force de ce petit corps parvenu au terme de sa soixante-quatorzième année, ce qui est assez exceptionnel à l'époque. Elle est courte, puisque, peu avant midi, le vieillard cesse de respirer. Comme, dans un ultime hoquet, la fin d'une chandelle qui s'éteint, dans l'indifférence générale, cette mort fait finalement moins de bruit que celle de quelques-uns de ses contemporains, disparus la même année, parmi lesquels Bernardin de Saint-Pierre, l'auteur de *Paul et Virginie*, le philosophe Johann Gottlieb Fichte, la ci-devant impératrice Joséphine ou le fameux prince de Ligne, un des hommes les plus spirituels de son temps. La famille, arrivée plus tard, apprendra que le défunt s'en est allé sans avoir reçu les derniers sacrements, ce qui n'étonnera personne, chacun sachant pertinemment que sa haine de Dieu, dont il n'a cessé, à la manière d'un défi, de nier l'existence, fut la plus constante de ses imprécations et sans doute, bien plus que le sexe, son obsession majeure. Tout juste, le directeur de l'hospice de Charenton prend-il la peine d'avertir le ministre de l'Intérieur de la mort de celui qui était tout à la fois le plus célèbre de ses détenus, et, en somme, le moins connu de tous. Essuyant une larme, Marie-Constance Quesnet se lève alors pour prendre congé de celui qui, tout de même, fut pendant vingt-quatre ans le compagnon de sa vie, même si aucun de leurs contemporains n'a compris la force du lien qui unissait cette femme si convenable à cet homme d'une si mauvaise réputation. Sade rencontre Sensible en 1790, il a 50 ans. Il la faisait passer pour sa fille : « Rien de plus vertueux que mon petit ménage ! D'abord pas un mot d'amour ; c'est tout uniquement une bonne et honnête bourgeoise, aimable, douce, spirituelle qui a bien voulu se charger de ma petite maison. Elle mange avec moi la modeste pension que son mari lui a faite ; je la loge et je la nourris. Voilà le seul agrément actuel qu'elle y trouve. » Le lendemain de sa disparition, cette fois en présence de son fils cadet, le nouveau comte de Sade – puisque marquis il ne veut pas être ! –, de très discrètes funérailles sont célébrées, suivies de l'inhumation au cimetière de l'hospice de Charenton, sous une dalle ne portant ni nom ni date. Choix qui sera presque conforme aux recommandations émises par le défunt, dans son testament, sauf que c'était à une autre terre qu'il destinait sa dépouille, son bois de la Malmaison, dans la Beauce, chose impossible, puisqu'elle ne lui appartenait plus : « Je veux qu'il soit placé sans aucune cérémonie dans le premier taillis fourré qui se trouve à droite, dans ledit bois, en y entrant, du côté de l'ancien château par la grande allée qui le partage. Ma fosse sera pratiquée dans ce taillis par le fermier de la Malmaison, sous l'inspection de Monsieur Lenormand, qui ne quittera mon corps qu'après l'avoir placé dans ladite fosse… La fosse une fois refermée, il sera semé des glands dessus afin que mon corps disparaisse de la surface de la terre, comme je me flatte que mon nom disparaisse de la mémoire des hommes. »

Ce vœu n'allait être qu'à demi exaucé. En effet, lors de la suppression du cimetière de l'hospice de Charenton, quelques années plus tard, les corps qu'il renfermait furent regroupés dans une fosse commune que, depuis, la végétation a totalement recouverte. À cette occasion, le docteur Ramon se fit remettre, pour l'étudier, le crâne de Sade qu'il confia ensuite à son confrère et ami le docteur Spurzheim, lequel l'emporta en l'Allemagne où il finit par disparaître. Il n'en reste, aujourd'hui, qu'un moulage authentifié conservé au musée de l'Homme. Un sculpteur contemporain en commercialise les épreuves, fondues en bronze.

Marie-Constance Quesnet continua-t-elle à se recueillir sur cette fosse ? On ne sait, mais modestement pensionnée par le fils du défunt, elle demeura à l'hospice de Charenton, où elle s'éteignit à son tour, le 19 juillet 1832, à l'âge de 75 ans. C'était alors le dernier être ayant connu, et sans doute aimé, le marquis de Sade, pour ne pas dire celui qui, *in fine*, l'avait le mieux compris.

Si le corps de ce dernier a donc disparu « de la surface de la terre », comme Sade l'avait souhaité, il en alla tout autrement de son nom qui, lui, n'allait jamais disparaître de la « mémoire des hommes ». À défaut de son fils aîné mort célibataire, il allait d'une part continuer d'être porté, d'abord par son fils cadet, Claude-Armand de Sade (1769-1847), qui le 15 septembre 1808, épousa sa cousine Laure de Sade (1772-1849), mais encore par leurs nombreux descendants, chez qui le dynamisme est de tradition, dont les enfants du Comte et de la Comtesse Xavier de Sade, Elzéar, Hugues et Thibault, mes contemporains.

Lorsque je suis allé rendre visite à la Comtesse de Sade dans sa ravissante maison dont les jardins donnent sur la Loire, là où venait à pied Honoré de Balzac, celle-ci m'a raconté ses débuts dans la vie : « Quand nous nous sommes mariés en 46, j'avais 19 ans et Xavier en avait 20, mon époux a voulu me faire découvrir sa Provence bien-aimée : La Coste, Saumane, Mazan, l'Hôtel de Sade à Avignon, aujourd'hui siège du Conseil Général. Il m'a montré sur le pont d'Avignon les armes de sa famille avec les étoiles à huit raies d'or. Les Sade faisaient des dons en livres tournois pour restaurer le pont et une Madame de Sade est allée jusqu'à offrir ses vêtements les plus somptueux, beaux drapés et étoffes précieuses, pour sauver ce chef d'œuvre du patrimoine. Puis, Xavier m'a emmenée à Venasque, lieu haut perché, origine du Comtat Venaissin dont les Sade étaient coseigneurs. De là, dans le parfum des romarins, on peut contempler le cortège des oliviers jusqu'à Bollene. »

Debout devant sa cheminée ornée du portrait d'Eléonore de Roye, du bas-relief représentant Pétrarque et Laure, et d'une gravure de la villa Perucci à Florence qui appartenait à Simon de Sienne, Rose de Sade évoque avec grâce ses souvenirs et remonte dans le temps : « Laure de Noves, qui inspira Pétrarque, avait épousé en 1300 Hugues de Sade dont elle eut treize enfants et mourut de la peste. Elle rencontrait Pétrarque à la fontaine de Vaucluse. Les Sade possèdent tous les papiers de tous les degrés depuis l'an 1100, archives de famille qui ont échappé aux guerres. Le Marquis était le plus jeune, son père était Comte. De même aujourd'hui, c'est mon fils aîné, Elzéar, qui est Marquis. Nous habitions le château de Condé-en-Brie, où les Bourbon ont pris le nom de Condé. Un jour en 1948, à la sortie de la messe à Condé, des journalistes nous abordent. Nous les recevons à la maison. Quelque temps plus tard, paraît dans *Ici Paris* un article révélant au grand public qu'il existe encore des descendants du Marquis de Sade. Le texte est accompagné d'une photo d'Elzéar enfant qui tire la langue au photographe ! C'est ainsi, en lisant le journal, que Gilbert Lely passionné de l'œuvre de Sade et très proche du poète René Char, a connu l'existence de mon mari. Ils se rencontreront et mon époux va lui confier toutes la correspondance du Marquis de Sade, toutes serrées dans une même malle. Pour mon mari, le Marquis vivait dans une époque où tout le monde était libertin et pour moi il est un des plus grands écrivains qui s'exprime dans un français extraordinaire. C'était un tempérament. J'admire sa fougue et le fait qu'il ne cédait sur rien. La liberté était son droit et il réclamait en prison gâteaux, fruits confits, madeleines : « Si le glacé du gâteau au chocolat n'est pas bon, disait-il, je le renverrai. » J'admire aussi beaucoup sa femme qui s'était habillée en homme pour le faire évader du fort de Miollens. »

Aujourd'hui la comtesse de Sade est fière d'avoir mis au monde la descendance du marquis : Elzéar né le 8 juillet 1947, Hugues né le 16 novembre 1948, Marie-Laure née le 10 mars 1952, Marie-Aigline née le 14 juillet 1953, Thibault né le 11 décembre 1956.

Encore que ce ne fut pas facile, comme l'a si bien écrit ce dernier, Thibault de Sade, dans sa préface aux *Propos d'un insoumis* : « À sa mort, l'oubli engloutit Sade et son œuvre. De même un silence total s'abat sur sa famille. Son propre fils imposera un tabou complet sur ses descendants. Il est désormais interdit de parler du marquis de Sade dans la famille ;

rayé de la pensée et des arbres généalogiques, Sade devient presque le diable chez les siens. C'est simplement, plusieurs générations passantes, 130 ans plus tard, que Sade sera réhabilité dans sa famille par mes parents qui en 1947 décident d'exhumer le personnage et ses écrits du fond des mémoires et des bibliothèques. […] Malheur ! Sade va être lu ! Pensez-vous, la démocratie est en danger ! Oser tenter de percer les multiples mystères de Sade ? Quelle infamie ! Oser le regarder en face pour mieux l'apprécier (pour ne pas dire l'admirer et l'aimer…) ? Quelle ignominie ! Oser arracher Sade des griffes de ceux qui pensent qu'il ne peut survivre que sous le manteau. Oser afficher à la face du monde que Sade n'est pas un monstre mais l'alchimiste génial de nos propres contradictions. Malheur ! La porte sordide du crime est désormais béante ! Oser…

« Oser, oui il faut oser, vouloir, désirer puis combattre, car Sade le mérite.

« Sade se glisse en vous ; il rampe vers votre âme, assombrit votre cœur, prend possession de votre être ; Sade vous vampirise et puis, comme par une légère inadvertance, il nous abandonne… vide. Incroyablement seul en votre autre et nouveau vous-même.

« Car le marquis de Sade est avant tout le symbole de la liberté. Homme libre au-delà des prisons ! Esprit libre au-delà des siècles !

« Homme bouleversé par les passions et par les événements, explosant de découvertes en contradictions, de promesses en renversements, voulant tout connaître, tout voir, tout apprendre, tout raisonner, tout conceptualiser, il a payé de sa vie, de son nom et de son image son tribut à la connaissance. Sa férocité verbale et les préjugés des époques l'ont condamné à être marqué de l'estampille de “monstre de perversité”.

« Sottises !

« C'était “un monstre de liberté”. »

Ainsi, parmi les descendants de Donatien, on peut distinguer la très belle Laure de Sade (1859-1936), devenue par son mariage la comtesse Adhéaume de Chevigné, dont le salon, fameux à la Belle Époque, attira nombre de personnalités du Tout-Paris, parmi lesquelles le jeune Marcel Proust, qui s'inspira d'elle pour camper certains traits de la duchesse de Guermantes dans la *Recherche du temps perdu*. Mère de Thérèse de Chevigné, qui épousa le richissime banquier Maurice Bischoffsheim, puis l'écrivain Francis de Croisset, elle fut la grand-mère de deux personnalités du XXe siècle. La première fut Marie-Laure Bischoffsheim (1902-1970) qui épousa le vicomte Charles de Noailles, avec qui elle composa, dans leur hôtel de place des États-Unis ou leur villa cubiste d'Hyères, le couple le plus mondain du Paris de l'entre-deux-guerres. Ils comptèrent aussi parmi les principaux mécènes de leur temps, finançant les films de Buñuel, de Cocteau et de Man Ray, les œuvres de Stravinsky, de Poulenc, Sauguet ou Auric, pour la musique, de Matisse, Picasso, Balthus, Mondrian ou Miró, pour la peinture, de Mallet-Stevens pour l'architecture. Ce fut pour Marie-Laure que Charles de Noailles, grand érudit et fin collectionneur de livres, racheta le manuscrit des *Cent Vingt Journées de Sodome*, que Sade avait cru à jamais perdu pendant le sac de la Bastille, tandis qu'André Breton ou Paul Éluard, fascinés par le fait que son épouse procédait en droite ligne du divin marquis, fréquentaient intensément son hospitalier salon. Ne fut-ce pas elle, encore, qui, en mai 1968, débarqua dans la Sorbonne occupée par les étudiants, arborant une broche composée d'une faucille et d'un marteau en diamants, que Boucheron réalisa à sa requête ?

Dans un registre plus sérieux, Laure de Sade fut aussi la grand-mère de Pierre de Chevigné (1909-2004), successivement colonel, journaliste et homme politique, figure éminente de la Résistance et compagnon de la Libération, député des Basses-Pyrénées et président du Conseil général de ce même département, ministre de la Guerre sous la IVe République et grand-croix de la Légion d'honneur.

Par le jeu des alliances, d'autres personnalités contemporaines descendent directement du marquis de Sade, et en sont fières, ne croyant plus utile de cacher les liens les unissant à l'ancien châtelain de La Coste, parmi lesquelles l'homme politique Henri de Raincourt, sénateur, président du Conseil général de l'Yonne, ministre des Relations avec le Parlement puis de la Coopération ; le haut fonctionnaire Henri de Castries, compagnon de promotion de François Hollande à l'Ena, aujourd'hui PDG d'Axa et élu manager de l'année 2008 par *La Tribune* ; l'ancien président du Crédit commercial de France, aujourd'hui vice-président de Goldman Sachs Europe et président du conseil d'administration de la Fondation du Patrimoine, Charles de Croisset ; Henry de Lesquen, polytechnicien et énarque, haut fonctionnaire aujourd'hui président de Radio Courtoisie, ou Philippe Lannes de Montebello, trente ans durant directeur du Metropolitan Museum of Art de New York…

Bien au-delà de sa seule famille, le nom de Sade a surtout fini par devenir un concept universel, le sadisme, comme celui d'un autre auteur tourmenté, le comte de Sacher-Masoch, autre aristocrate explorateur de l'âme humaine et à qui l'on doit le masochisme, qui s'est imposé, depuis la codification du médecin allemand Krafft-Ebing, comme le complément naturel du premier. Le divin marquis eût-il apprécié cette métamorphose ? Peut-être ! Chaque jour, en tout cas, le mot est écrit ou prononcé des milliers de fois dans le monde, ce qui assure la postérité de son initiateur.

Fut-ce pour endiguer une postérité jugée de mauvais aloi que le préfet de police fit saisir, après la mort de Donatien, l'ensemble de ses manuscrits, déposés dans une lourde malle ? C'est certain. Une partie fut brûlée, en présence de son propre fils – qui ne crut pas devoir protester devant un tel autodafé ! – et une autre rendue à sa famille. Son exploration permit aux historiens contemporains de déchiffrer la vie et l'esprit d'un être longtemps insaisissable. En fait, la Restauration, en la matière, se comporta exactement comme l'Empire, au nom de cet ordre moral naissant, que Bonaparte ouvrit avec le Concordat, et qu'illustre si bien cette gravure de Couturier le représentant, debout, jetant dans le feu d'une cheminée *Justine ou les Malheurs de la vertu*, avec ce commentaire sans appel du dictateur aux prétentions littéraires : « le livre le plus abominable qu'ait enfanté l'imagination la plus dépravée ». Nul doute qu'après lui, Louis XVIII, Charles X, Louis-Philippe ou Napoléon III perpétuèrent ce rejet, comme le grincheux Horace de Viel Castel, gémissant ainsi : « On ne sait pas assez tout le mal produit par les œuvres du marquis de Sade. Je ne parle pas des tristes résultats produits par la lecture de ces ignobles romans, mais de l'influence qu'ils ont eue sur toute la littérature du XIXe siècle. »

Pourtant, à cette époque, Sade est entré dans un long oubli de plus d'un siècle, pour ne pas dire un véritable ostracisme, puisque, si on parlait de lui, c'était pour en dire du mal, comme le montre l'auteur de ces lignes, publiées en 1821, soit moins de dix ans après sa mort : « Nommer le marquis de

Sade, c'est souiller l'imagination, c'est rappeler les horreurs de sa vie privée. » Ou celui de la *Biographie universelle*, en 1825 : « Nous ne citerons pas ce monument d'impudence et nous nous bornerons à dire que, si pareil homme doit vivre dans la postérité, ce ne sera sans doute que pour y être remarqué comme un de ces êtres à part, et dont la nature se montre heureusement avare. » En 1834, Jules Janin, dans un article publié dans *La Revue de Paris*, écrit à son tour : « Voilà un nom que tout le monde sait et que personne ne prononce ; la main tremble en l'écrivant, et quand on le prononce, les oreilles vous tintent d'un son lugubre. Non seulement cet homme prêche l'orgie, mais il prêche le vol, le parricide, le sacrilège, la profanation des tombeaux, l'infanticide, toutes les horreurs. Il a prévu et inventé des crimes que le code pénal n'a pas prévus ; il a imaginé des tortures que l'Inquisition n'a pas devinées » ! Au reste, Boiste, dans son *Dictionnaire*, avait déjà forgé le fameux néologisme tiré de son nom, avec cette définition sans appel du sadisme : « aberration épouvantable de la débauche. Système monstrueux et antisocial qui révolte la nature ». L'œuvre de Sade était alors encore confidentielle.

En fait, le premier à s'intéresser à Sade fut Sainte-Beuve, qui effectua un audacieux parallèle entre l'auteur de *Justine* et Byron. Le deuxième fut Gustave Flaubert, qui l'appelait « le Vieux ». Toute sa vie, il fut fasciné par le divin marquis, ce qui étonna les Goncourt – pourtant bons connaisseurs de l'œuvre de Sade – notant dans leur *Journal* : « C'est étonnant, ce Sade, on le trouve à tous les bouts de Flaubert, comme un horizon… Il y a vraiment chez Flaubert une obsession de Sade. » Le poète Algernon Swinburne, cet aristocrate britannique adepte de la flagellation, le suivit. Il composa un poème sur Charenton, dans lequel il évoqua « ce front blême et fier chargé de cheveux blancs, ces yeux noirs, cette bouche impérieuse et fine », et auquel il consacra ce texte magnifique dans *Laus Veneris*, le plus juste, peut-être, de tous ceux que Sade a inspirés : « Au milieu de toute cette bruyante épopée impériale, on voit en flamboyant cette tête foudroyée, cette vaste poitrine sillonnée d'éclairs, l'homme phallus, profil auguste et cynique grimace de titan épouvantable et sublime ; on sent circuler dans ces pages maudites comme un frisson d'infini vibrer sur ces lèvres brûlées, comme un souffle d'idéal orageux. Approchez et vous entendrez palpiter, dans cette charogne boueuse et sanglante, des artères de l'âme universelle, des veines gonflées de sang divin… »

Quelques années plus tard, son confrère, Verlaine, écrivit un jour, en marge d'un poème de Baudelaire :

Je compare ces vers étranges
Aux étranges vers que ferait
Un marquis de Sade discret
Qui saurait la langue des anges.

Verlaine savait-il que l'auteur des *Fleurs du mal*, lui aussi intrigué par Sade, avait effectué un parallèle entre l'œuvre du marquis et celle de Choderlos de Laclos, les baptisant les *Évangiles du Mal* ? Il semble bien, en tout cas, que toute la génération post-romantique avait parfaitement compris le sens caché de Sade. Son premier biographe fut d'ailleurs le beau-frère de Balzac, Jules Lacroix, auteur, en 1858, d'un essai intitulé *Le Marquis de Sade* et lui-même suivi, en 1882, par le poète Émile Chevé, auteur de ces vers :

Marquis, ton livre est fort, et
Nul dans l'avenir

Ne plongera jamais aussi bas
Sous l'infâme
Nul ne pourra après toi
Réunir
En un pareil bouquet tous les
Poisons de l'âme.

En 1885, Anon publia un roman, intitulé *Le Marquis de Sade, ses aventures, ses œuvres*, et, en 1886, le médecin allemand Richard Krafft-Ebing s'intéressa à la pathologie sadienne, qu'il qualifia de « monstre psychosexuel ». Quelques années plus tard, en 1901, un autre Allemand, le psychiatre Iwan Bloch, par ailleurs fondateur d'une nouvelle science, la sexologie, fut l'auteur, sous le pseudonyme d'Eugen Dühren, d'un ouvrage remarqué, *Le Marquis de Sade et son temps*, avant de donner, quatre ans plus tard, la première édition des *Cent Vingt Journées de Sodome*, ce qui, à la Belle Époque, était particulièrement audacieux. Plus original encore, il en conclut que Sade « était l'un des hommes les plus remarquables du XVIIIe siècle, disons même de l'humanité moderne en général ».

Rachilde, de son côté, consacra un ouvrage à la marquise de Sade, en 1903, un an avant qu'à l'initiative d'Eugen Dürhen, fût publiée simultanément à Berlin et à Paris, la deuxième édition des *Cent Vingt Journées de Sodome* et qu'Émile Laurent ne publiât *Le Sadisme et la littérature, le marquis de Sade.* En 1906, ce fut Henri d'Alméras qui composa *Le Marquis de Sade, l'homme et l'écrivain*, précédant le poète Guillaume Apollinaire qui, en 1909, fut à l'origine d'une première anthologie de l'œuvre de Sade, lui qui, à l'instar de Flaubert, connut également une authentique fascination pour le plus marginal des auteurs de langue française. Un cap était donc franchi, qu'allaient bientôt dépasser les Surréalistes.

Ces derniers, en effet, au lendemain d'une Grande Guerre dont ils furent les premiers à dénoncer l'absurdité, redécouvrirent l'auteur de *Justine*, fascinés par l'aspect éminemment contestataire et libératoire de sa vie, tout autant que de son œuvre, dont la consultation exigeait une autorisation spéciale aux conservateurs de la Bibliothèque nationale. Tous unis derrière ce fameux cri poussé par un des héros de Sade : « Quelle jouissance ! Je parricidais, j'incestais, j'assassinais, je prostituais, je sodomisais... », ils le remirent en selle dans un article de *La Révolution surréaliste* sous la signature de Paul Éluard, notant qu'il s'était battu « en luttant désespérément pour la justice et l'égalité absolue ». D'où, bientôt, la publication, après une pièce de théâtre consacrée à Sade, par Charles Méret, de nouveaux inédits de Sade, en 1929, comme *Dialogue entre un prêtre et un moribond*, en 1928 d'une biographie de Sade par Octave Béliard, en 1929 de l'édition de sa première *Correspondance*, à l'initiative de Paul Bourdin, ou encore, en 1930, de celle des *Infortunes de la vertu*, suivies, en 1931, d'une nouvelle édition des *Cent Vingt Journées de Sodome*, à partir du manuscrit des Noailles. Sans compter les peintres de l'époque l'ayant souvent placé au cœur de leur inspiration, dont les plus emblématiques furent naturellement Dalí, Masson, Man Ray ou Magritte pour les principaux, cherchant sans cesse à répondre à cette fascinante question : qui était Sade ? Quels mobiles l'ont poussé à mener une telle vie ? Pourquoi cette œuvre littéraire unique qui ne ressemble à aucune autre, et dont René Char donna cette magistrale définition : « Sade, l'amour enfin sauvé de la boue du ciel, cet héritage suffira aux hommes contre la famine... » ?

« Les excès de l'imagination, écrit pour sa part André Breton, à quoi l'entraîne son génie naturel et le disposent ses longues années de captivité, le parti pris follement orgueilleux qui le fait, dans le plaisir comme dans le crime, mettre à l'abri de la satiété ses héros, le souci qu'il montre de varier à l'infini, ne serait-ce qu'en les compliquant toujours davantage, les circonstances propices au maintien de leur égarement, ont toute chance de faire surgir de son récit quelque passage d'une outrance manifeste, qui détend le lecteur en lui donnant à penser que l'auteur n'est pas dupe. » « Toutes nos aspirations actuelles ont été essentiellement formulées par Sade quand, le premier, il donna la vie sexuelle intégrale comme base à la vie sensible et intelligente », annonça quant à lui Robert Desnos, tandis que Paul Éluard notait : « Trois hommes ont aidé ma pensée à se libérer d'elle-même, le marquis de Sade, le comte de Lautréamont et André Breton. »

En critiquant la société de son temps et en dénonçant sa moralité d'apparence, Sade ouvrit en fait un pan nouveau dans l'histoire de la vérité, où l'homme, désormais, faisait face à lui-même et à l'abîme de ses propres contradictions. Après la guerre, des textes entiers d'une œuvre demeurée jusque-là plutôt confidentielle ont été publiés : *L'Aigle*, *Mademoiselle*, en 1949, *L'Histoire secrète d'Isabelle de Bavière, reine de France*, en 1953 et, la même année, *Le Carillon de Vincennes* et *Cahiers personnels*, sans compter *Monsieur le 6*, en 1954.

Sade était-il pour autant réhabilité, comme l'avait souhaité Simone de Beauvoir, dans ce texte publié dans *Les Temps modernes*, et intitulé « Faut-il brûler Sade ? ». Certainement pas. Ainsi, à cette même époque, la censure permit à la justice d'ordonner la destruction d'une des éditions un peu trop leste des œuvres de Sade qui, pour le gouvernement des débuts de la Ve République, sentait par trop le soufre !

Au fond, Sade demeure cette éternelle « auberge espagnole », dans laquelle chacun trouve ce qu'il apporte, voit ce qu'il veut y voir, comprend ce qu'il veut y comprendre ! Entre-temps, cependant, un dernier verrou tombait avec l'entrée de Sade dans la Pléiade, édition annotée et commentée par Michel Delon, en 1960, tandis que trois biographies magistrales allaient bientôt se succéder dans les années qui suivirent, celle de Gilbert Lély, en 1952, celle de Jean-Jacques Pauvert, en 1986-1990 – accompagnée de la première intégrale des œuvres de Sade – et celle de Maurice Lever, en 1991, elle-même suivie de la magistrale publication, sous l'autorité de ce dernier, de la *Bibliothèque Sade*, en sept volumes, qui acheva l'étude systématique de l'ensemble des archives du divin marquis. Nombre d'écrivains, avec eux, ont, depuis, exploré l'univers de Sade, de Bataille à Klossowski, de Barthes à Sollers, et en particulier Annie Lebrun à qui il est juste de rendre hommage pour ses ouvrages *Les Châteaux de la perversion*, *Petits et Grands Théâtres du marquis de Sade* ou *Sade, aller et retour*.

La réputation de Sade franchissait les frontières, comme le montre cette pièce que le Japonais Mishima lui consacra, en 1969, et qu'adapta André Pieyre de Mandiargues. D'autres pièces allaient suivre, parmi lesquelles celle d'Enzo Cormann, en 1989, intitulée *Sade, concert d'enfers*, celle de Peter Weiss, intitulée *Marat-Sade*, en 2000, ou celle de Bernard Noël, intitulée *Le Retour de Sade*, en 2004. Et il n'est pas jusqu'à la bande dessinée qui ne s'intéresse à lui, avec Francis Leroi et Philippe Clavel, Guido Crépax ou Da Silva, pour ne citer que les principaux.

Enfin, en, 2001, à l'initiative de Lionel Aracil et Frédéric Beigbeder, fut fondé le Prix Sade, destiné à célébrer le libertarisme contemporain. Le premier lauréat fut Catherine Millet pour son livre *La Vie sexuelle de Catherine M.*, preuve qu'en ce début du XXIe siècle, Sade est davantage considéré comme un écrivain que comme l'aventurier de sa frénésie érotique. Il était donc logique que le cinéma s'y intéressât, d'où ces quelques films, choisis parmi d'autres : *Marat-Sade* de l'Anglais Peter Brook, en 1967, *Justine ou les Infortunes de la vertu*, de l'Espagnol Jess Franco, en 1968, *Le Divin Marquis de Sade*, de l'Américain Cyril Endfield, en 1969, *Le Marquis de Sade*, du Français Patrick Antoine, en 1983, *La Marquise de Sade*, du Suédois Ingmar Bergman en 1982, *Sade*, du Français Benoît Jacquot, en 2000, ou encore *Quills, la Plume et le Sang*, de Philip Kaufman, en 2001.

Parallèlement, les lieux sadiens connaissaient un regain d'intérêt. Le château de Mazan fut transformé en hôtel de luxe, celui de Saumane racheté par le Conseil général du Vaucluse pour en faire un lieu d'exposition, et celui de La Coste repris par Pierre Cardin, qui abrite à présent un festival, sans oublier celui de Vallery, que nous décrit aujourd'hui Valfrid-Roland Piredda Galliani, professeur des universités associé à l'université Paris-Sud : « Vallery joli village du Gâtinais bourguignon – situé, comme son nom l'indique, dans une riante petite vallée entre Fontainebleau et Sens – est connu et visité surtout pour son beau château Renaissance signé par Pierre Lescot. [...] En 1747, le très riche Jacques-René Cordier de Launay, ancien trésorier général de l'extraordinaire des guerres, s'en porte alors acquéreur (pour 285 000 livres or !) et le lègue à son fils, Cordier de Montreuil, président à mortier au parlement de Paris et... futur beau-père du marquis de Sade : le mariage entre sa fille, Renée-Pélagie Cordier de Montreuil et Donatien Alphonse François marquis de Sade est célébré le 17 mai 1763, à Paris, à l'église Saint-Roch. [...] Du reste, une partie de cette famille et de sa descendance est enterrée près de l'église Saint-Thomas de Cantorbéry à Vallery : cela explique aussi le fait que dans cet agréable et paisible village il existe encore aujourd'hui une rue de Sade.

« C'est donc de la sorte que Vallery devient et deviendra, pour longtemps, une terre d'adoption de la famille de Sade.

« Ses actuels propriétaires – l'architecte Patrice Vansteenberghe et sa séduisante épouse – en sont tout à fait conscients puisqu'ils gardent et sauvegardent amoureusement un patrimoine unique en son genre : pour mieux le mettre en valeur et lui redonner toute la splendeur d'antan ils ont ouvert une partie de ce domaine seigneurial au public et, notamment, à tous ceux qui souhaitent se marier ou festoyer dans un endroit autrefois réservé à une élite uniquement aristocratique… Ainsi, du monde entier, des hôtes – toujours bien accueillis ! – accourent nombreux dans ce château afin que la fête commence et s'y termine avec joie et une allégresse qui garde le meilleur d'un passé fastueux : si le décor est resté riche et princier, le confort s'est heureusement adapté aux demandes d'une clientèle qui n'est point sadique et encore moins masochiste ! » Ainsi en est-il de ces châteaux sadiens, sanctuaires à fantasmes dont André Breton a su si bien capter l'âme : « À flanc d'abîme, construit en pierre philosophale, s'ouvre le château étoilé. »

Le nom de Sade n'a jamais cessé de fasciner, comme le montre la création, en 1984, du groupe musical britannique Sade. Sa chanteuse en titre, Helen Folasade Adu, est elle aussi connue sous le nom de Sade, hommage inattendu au divin marquis.

Chacun est naturellement libre de penser ce qu'il veut de Sade. Sa vie privée a sans doute été contestable, mais au fond, pas plus – et peut-être moins ! – que celle de certains grands seigneurs de son temps qui furent seulement plus discrets que lui. En fait, on l'a dit, sa vie sexuelle, au terme de pratiquement trois décennies d'incarcération, fut davantage rêvée que vécue ! Doit-on lui reprocher ses fantasmes ? Celui ou celle qui n'en a jamais éprouvé le ferait peut-être, mais force est de constater qu'il a singulièrement anticipé des tendances de fond des XXe et XXIe siècles en matière de modes et de mœurs. Déjà Marcel Proust n'avait-il pas mis en scène dans la *Recherche du temps perdu*, la flagellation du baron de Charlus par Maurice, « enchaîné sur un lit comme Prométhée sur son rocher » ?

Prendre enfin du plaisir à faire souffrir ou souffrir soi-même est-il en soi chose condamnable ? Le véritable débat n'est-il pas dans le libre consentement entre adultes de cette voie particulière de la vie privée ? C'est ce que pense le droit contemporain, qui, fondamentalement différent de celui des XVIIIe et XIXe, et même d'une partie du XXe, se refuse à juger. Précurseur aussi de ce point de vue, Sade, sans nul doute, serait probablement plus heureux aujourd'hui qu'en son temps, même si la disparition de la transgression si nécessaire pour jouir aurait émoussé ses plaisirs. Autorisés, ils ne seraient plus transcendés par l'excitation de l'interdit ! Au fond, ce qui semble le plus troublant, chez Sade, n'est-ce pas cet érotisme obsessionnel, mais ce pessimisme intrinsèque de grand connaisseur de la nature humaine, qui fait peut-être de l'ancien libertin du XVIIIe le premier romantique, au destin tragique et unique, lui qui écrivit : « C'est une chose très différente que d'aimer ou que de jouir ; la preuve est qu'on aime tous les jours sans jouir et qu'on jouit le plus souvent sans aimer. »

Reste son œuvre que chaque adulte peut lire en conscience et sans préjugé, n'oubliant jamais qu'elle est d'abord le fruit de trente années de réclusion, au cours desquelles cet homme à la sexualité si exigeante a dû se contenter d'écrire ses besoins, à défaut de pouvoir les satisfaire. Avec la toute-puissance de son imaginaire, Sade a ouvert quantité de pistes, dont la première est celle de l'inconscient sexuel, que Freud et d'autres allaient explorer plus tard, trois quarts de siècle après sa mort. Le totalitarisme, qu'il dénonce souvent dans ses textes, annonce, lui, les horreurs du XXe siècle avec une lucidité stupéfiante. « Qui lit Sade, a justement écrit Annie Lebrun, n'en sort pas indemne. »

Avoir écrit ce que personne n'avait jamais osé écrire est précisément ce qui le rend éminemment fascinant, d'autant que lui-même en eut toujours conscience. Sade énonça cette évidence : « Galilée fut persécuté pour avoir découvert les secrets du ciel, des ignorants furent ses bourreaux. Je le suis pour avoir révélé les mystères de la conscience des hommes, et des sots me tyrannisent. L'esprit, la science et l'imagination seront toujours le désespoir des gens stupides. »

Beaucoup l'ont souligné, il y a un avant et un après Sade. Lui-même incarnait cet instant fatidique, entre la lumière et les ténèbres, entre le bien et le mal, entre le conscient et l'inconscient, ce qui le distingue bien de l'infra-littérature de son temps et fait de lui un homme si en avance sur son époque que le XXe siècle l'a reconnu comme contemporain. Pour paraphraser André Gide, on osera ainsi suggérer que Sade n'est pas derrière nous, mais devant nous, l'impénétrable observateur de la nature humaine, dont la lucidité désespérée constitue une des forces de l'esprit.

Au Clos Lucé d'Amboise, le 2 septembre 2013

JALONS DE L'ITINÉRAIRE SADIEN

1740 Naissance, à Paris, de Donatien Alphonse François de Sade, enfant unique de Jean-Baptiste, comte de Sade, et d'Éléonore de Maillé. Il passe sa prime enfance à l'hôtel de Condé.

1745-1750 Long séjour en Provence auprès de son oncle, l'abbé de Sade, au château de Saumane, près de L'Isle-sur-la-Sorgue.

1750-1754 Études à Paris, au collège Louis-le-Grand.

1754-1757 Cadet à l'École des Chevau-Légers de la garde du roi à Versailles.

1757-1763 Participe en qualité de cornette (sous-lieutenant) puis de capitaine, aux derniers combats de la fin de la guerre de Sept Ans.

1763 Épouse en l'église Saint-Roch de Paris Renée-Pélagie Cordier de Montreuil, fille d'un président à la Cour des Aides (17 mai). Première incarcération pour affaire de mœurs, au donjon de Vincennes (septembre), suivie d'une assignation au château d'Échauffour, en Normandie.

1764 Autorisé à revenir à Paris, il s'y éprend de Mademoiselle Colet, actrice du Théâtre-Italien, cette même année où son père résigne en sa faveur sa charge de lieutenant général de Bresse, Bugey, Valromey et Gex.

1765 Liaison avec Mademoiselle de Beauvoisin, qu'il installe au château de La Coste.

1766 Liaison avec Mademoiselle Dorville, puis avec la danseuse Leroy, de l'Opéra.

1767 Mort du comte de Sade (24 janvier) et naissance de Louis-Marie, premier enfant de Donatien (27 août).

1768 Nouvelle affaire de mœurs à Arcueil, où Sade abuse de Rose Keller (3 avril), ce qui lui vaut d'être incarcéré, d'abord à Saumur (8 avril), puis à Pierre-Encise (30 avril).

1769 Libéré, Sade est néanmoins exilé sur sa terre de La Coste, en Provence, mais obtient de revenir à Paris, où naît son deuxième fils, Claude-Armand (27 juin). Voyage en Hollande (septembre-octobre).

1771 Après avoir tenté en vain de servir dans l'armée, vend ses charges militaires. Naissance de sa fille, Laure-Madeleine, son dernier enfant (17 avril). Nouveau séjour au château de La Coste, où il sacrifie à sa passion du théâtre.

1772 Nouvelle affaire de mœurs, à Marseille (25 juin), qui vaut à Sade et à son valet une condamnation à mort par contumace (3 septembre). Il s'enfuit en Italie avec sa belle-sœur, la jeune chanoinesse de Launay, devenue entre-temps sa maîtresse. Arrêté sur ordre du roi de Sardaigne, il est incarcéré au fort de Miolans (8 décembre).

1773 S'évade du fort de Miolans (30 avril). Début d'une longue cavale en France et en Italie, sous le nom de comte de Mazan.

1774 Nouvelle affaire de mœurs, à Lyon, dont les archives ont disparu.

1775-1776 Fuite en Italie, à Florence, Rome puis Naples. À son retour à La Coste, est légèrement blessé par un coup de feu tiré par le père d'une de ses servantes (décembre).

1777 Mort de la comtesse de Sade douairière (14 janvier). Arrestation à Paris du marquis de Sade, aussitôt incarcéré au donjon de Vincennes (13 février).

1778 Mort de l'abbé de Sade (3 janvier). Transfert du marquis de Sade à Aix, d'où il s'enfuit (15 juillet). Nouvelle arrestation au château de La Coste (26 août) et réincarcération à Vincennes (7 septembre).

1781 Mort de la chanoinesse de Launay, sœur de la marquise de Sade (13 mai). Première visite, en prison, de Madame de Sade, enfin autorisée à voir son mari (13 juillet).

1784 Transfert à la Bastille (29 février), où il va achever la rédaction des *Cent Vingt Journées de Sodome*, celle de *Justine ou les Malheurs de la vertu* et celle d'*Aline et Valcour*.

1789 Après avoir provoqué un scandale en ameutant le peuple de sa fenêtre de la Bastille (2 juillet), est transféré à Charenton, ce qui lui vaut de manquer la prise de la forteresse, par le peuple, douze jours plus tard.

1790 Remis en liberté après treize années de captivité (2 avril), se met en ménage avec Marie-Constance Quesnet, rue de la Ferme-des-Mathurins, à Paris, tandis que sa femme, ayant obtenu la séparation de corps et de biens, se retire au couvent de Sainte-Aure.

1791 Sortie en librairie de *Justine ou les Malheurs de la vertu*, premier ouvrage de Sade officiellement publié en deux volumes, dont la sortie fait scandale.

1792 Le ci-devant marquis de Sade, dont les fils ont émigré, est secrétaire de la section des Piques et publie plusieurs brochures politiques entre cette même année et 1793.

1793 Prononce un éloge de Marat et de Le Peletier, ce qui ne l'empêche pas d'être arrêté et incarcéré aux Madelonnettes (5 décembre).

1794 Transféré aux Carmes, puis à Saint-Lazare, et enfin à Picpus à la maison de santé Coignard (27 mars), il est néanmoins condamné à mort, le 8 thermidor, mais parvient à s'enfuir avant son arrestation. La chute de Robespierre, le lendemain, lui sauve la vie.

1795 Publication d'*Aline et Valcour* en huit volumes et de *La Philosophie dans le boudoir*, qui provoquent un nouveau scandale. Cette même année, vend plusieurs de ses biens de Provence, dont le château de La Coste, et s'installe à Saint-Ouen, où il passe ses dernières années de liberté.

1797 Publication de *La Nouvelle Justine ou les Malheurs de la vertu*, en dix volumes, puis des *Crimes de l'Amour, nouvelles héroïques et tragiques*, en quatre volumes.

1801 Sur ordre du Premier consul Bonaparte, nouvelle arrestation, à Paris, de Sade, incarcéré à Sainte-Pélagie (6 mars).

1803 Transféré à Bicêtre le 14 mars puis le 27 avril à l'asile de Charenton, à Saint-Maurice, dont il ne sortira plus. Il y vit maritalement avec Marie-Constance Quesnet.

1808 Mariage de Claude-Armand de Sade, cadet des deux fils de Donatien, avec sa cousine Laure de Sade, qui lui donnera plusieurs enfants, dont procède l'actuelle famille de Sade.

1809 Mort en Italie de Louis-Marie de Sade, fils aîné de Donatien, assassiné par des révolutionnaires, sur la route d'Otrante (9 juin).

1810 Mort de la marquise de Sade, au château d'Échauffour (7 juillet).

1813 Fin des représentations théâtrales à l'hospice de Charenton.

1814 Mort du marquis de Sade à l'asile de Charenton (2 décembre).

ÉLÉMENTS D'UNE BIBLIOGRAPHIE SADIENNE

Alméras (Henri d')
Le Marquis de Sade, l'homme et l'écrivain, Albin Michel, Paris, 1903.

Badou (Gérard)
René-Pélagie, marquise de Sade, Payot, Paris, 2004.

Barthes (Roland)
Sade, Fourier, Loyola, Editions du Seuil, Paris, 1971.

Bataille (Georges)
Sade et l'homme normal et l'homme souverain de Sade, In *L'Érotisme*, Paris, 1957, Editions de minuit, collection « Arguments ».

Béliard (Octave)
Le Marquis de Sade, Edition du Laurier, Paris, 1928.

Beauvoir (Simone de)
Faut-il brûler Sade ? Gallimard, Paris, 1972.

Blanchot (Maurice)
Lautréamont et Sade, Editions de Minuit, Paris, 1949.

Sade, Editions de Minuit, Paris, 1963.
Sade et Restif de La Bretonne, Editions Complexe, Paris, 1986.

Bloch (Iwan)
Le Marquis de Sade et son temps, Editions Slatkin Reprint, Genève, 1970.

Boutoute (Eric)
Sade et les figures du baroque, L'Harmattan, Paris, 1999.

Bramly (Serge)
Sade, la Terreur dans le boudoir, Grasset, Paris, 2000.

Brighelli (Jean-Paul)
Sade, la vie, la légende, Larousse, Paris, 2000.

Carter (Angela)
La femme sadienne, Editions Henri Veyrier, Paris, 1979.

Châtelet (Noëlle)
Entretien avec le Marquis de Sade, Plon, Paris, 2011.

Collectif
Colloque *Le Marquis de Sade*, Centre Aixois de Recherches sur le XVIIIe siècle, 1968.
Sade en son temps et Sade après Sade, Editions Textuel, Paris, 2007, 2 vol.

Delon (Michel)
Les vies de Sade, Editions Textuel, Paris, 2007, 2 vol.

Deparis (Alice)
Livre de Sade, le divin marquis en 100 leçons essentielles, Hugo et Compagnie, Paris, 2010.

Fleischer (Alain)
Sade, Scénario, Cherche Midi, Paris, 2013.

Heine (Maurice)
Le marquis de Sade, Gallimard, Paris, 1950

Hénaf (Marcel)
Sade, l'invention du corps libertin, Presses Universitaires de France, Paris, 1978.

Henry (Charles)
La Vérité sur le Marquis de Sade, La Bibliothèque, Paris, 2010.

Jean (Raymond)
Un portrait de Sade, Actes Sud, coll « Babel », Arles, 2002.

Klossowski (Pierre)
Sade mon prochain, Editions du Seuil, Paris, 1947 rééd. 1967.

Laborde (Alice)
Sade romancier A La Baconnière, Neufchâtel, 1974.
Les infortunes du marquis de Sade, Editions Slatkine, Genève, 1990.
Sade authentique,Editions Slatkine, Genève, 2000.

Laurent (Émile)
Le Sadisme et la littérature, Vigot Frères, Paris, 1903.

Le Brun (Annie, sous la direction d')
Les châteaux de la subversion, suivi de soudain un bloc d'abîme, Sade, Jean-Jacques Pauvert, Paris, 1982.
Petits et Grands Théâtres du Marquis de Sade, Paris Art Center, Paris, 1989.
Sade, aller et détours, Plon, Paris, 1989.

Lély (Gilbert)
Vie du marquis de Sade, Jean-Jacques Pauvert, Paris, 1965.

Leroy (Pierre)
Anne-Prospère de Launay, l'amour de Sade, lettres, Gallimard, Paris, 2003.
50 lettres de M. de Sade à sa femme, Flammarion, Paris, 2009.

Lever (Maurice)
DAF, marquis de Sade, Fayard, Paris, 1991.
(sous la direction de) *Bibliothèque Sade :*
Papiers de famille, Fayard, Paris, 1993 et 1995, 2 vol.
Correspondance de Sade, Fayard, Paris, 1995.., 3 vol.
Voyage d'Italie, Fayard, Paris, 1995, 2 vol.

Murat (Laure)
L'homme qui se prenait pour Napoléon, Gallimard, coll. « Folio », Paris, 2013.

Nadeau (Maurice)
Sade, l'insurrection permanente, Maurice-Nadeau éditeur, Paris, 2002.

Ost (François)
Sade, à l'ombre de la loi, Odile Jacob, Paris, 2005.

Paulhan (Jean)
Le Marquis de Sade, Les Editions du Point du Jour, Paris, 1950.
Le marquis de Sade et sa complice ou les revanches de la pudeur, Bernard Noël, Paris, 1951.

Pauvert (Jean-Jacques)
Sade vivant, Robert Laffont, Paris, 1986-1990, 3 vol.
Sade en Procès, avec la collaboration de Pierre Peuchot, Editions Luc Pire/ARTE, 1999.

Paz (Octavio)

Un au-delà érotique, le marquis de Sade, Gallimard, Paris, 1994.

Roger (Philippe)

Sade, la philosophie dans le pressoir, Grasset, Paris, 1976.

Sade

Propos d'un insoumis, Préface de Thibault de Sade, Antidote, 1998.

Sclippa (Norbert)

Actes du Premier Colloque International sur Sade aux Etats-Unis, L'Harmattan, Paris, 2004.

Seth (Catriona)

Sade en toutes lettres, Desjonquères, Paris, 2004.

Sollers (Philippe)

Sade Contre l'Être Suprême, Sade dans le temps, Gallimard, Paris, 1996.
Éloge de l'infini, Gallimard, coll. »Folio », 2002.
La guerre du goût, Gallimard, coll. « Folio », 2011.
Discours parfait, Gallimard, coll. Folio, 2011.
Fugues, Gallimard, Paris, 2012.

Thomas (Chantal)

Sade, l'œil de la lettre, Payot, Paris, 1978.
Sade, la dissertation et l'orgie, Payot, Paris, 2002.

Thomas (Donald)

Le marquis de Sade, biographie illustrée, Seghers, Paris, 2002.

LES PRINCIPAUX OUVRAGES DU MARQUIS DE SADE

Publiés de son vivant

JUSTINE OU LES MALHEURS DE LA VERTU (1791)

Premier ouvrage de Sade, publié en deux volumes de son vivant, mais sans nom d'auteur car, censure oblige, il ne reconnut jamais l'avoir écrit, ce roman raconte l'histoire de la belle et pudique Justine, orpheline chassée du couvent en raison de sa nouvelle pauvreté et qui, tout au long de sa courte vie de vingt-sept années, doit subir les viols et violences de ses employeurs successifs ou bienfaiteurs supposés, à l'impitoyable perversité et la brutalité monstrueuse, en un mot, sadiques. La morale de cette histoire, unique en son genre est que, loin d'être récompensée, la vertu est facilement vaincue par le vice triomphant. Écrit avec une audacieuse crudité, jusque-là inusitée dans l'histoire littéraire française, mais rythmé parallèlement par de longues considérations philosophiques, l'ouvrage connut un grand succès dont témoignent ses éditions successives, vendues sous le manteau, surtout celles qui offraient aux lecteurs de suggestives illustrations. Une célèbre gravure assura sa publicité à travers les siècles, représentant Bonaparte, horrifié, jetant au feu ce livre qualifié par lui de monstrueux, avant de faire enfermer son auteur à Charenton, jusqu'à la fin de ses jours.

LA PHILOSOPHIE DANS LE BOUDOIR (1795)

Publié au tout début du Directoire, après l'incarcération de son auteur sous la Terreur, l'ouvrage est conçu – à l'instar de nombre livres de l'époque des Lumières – comme une série de dialogues, par lesquels une jeune fille de quinze ans, Eugénie, est initiée à l'érotisme par Mme de Saint-Ange, son frère, le chevalier de Mirvel, et le jeune jardinier Augustin, mais toujours sur fond de considérations philosophiques plus générales, et même politiques, l'un de ces dialogues portant un titre qui fit la célébrité de son auteur : « Français, encore un effort si vous voulez être républicains. » À la fois synthèse des opuscules que Sade publia sous la Révolution, lorsqu'il militait à la section des Piques du quartier de la Place Vendôme, puissante diatribe contre ce Dieu qui a toujours compté parmi ses violentes obsessions anti-cléricales et naturellement apologie de la totale liberté sexuelle, sans tabou et sans préjugé, qu'il revendiqua jusqu'à sa mort, en particulier en matière de prostitution, de sodomie, de flagellation, de bisexualité ou d'homosexualité, l'ouvrage se fonde sur l'idée que la Nature seule, moteur et cause première de tous les penchants, dicte à l'homme les vices et les vertus que son organisme pratique alternativement, et non sa conscience morale ou religieuse qui, selon Sade, ne sont que des impostures hypocrites.

ALINE ET VALCOUR (1795)

Écrit, là encore, selon une méthode largement éprouvée au XVIIIe siècle, sous forme de lettres, ce roman raconte l'amour d'Aline, fille du débauché Blamont, et Valcour, jeunes gens unis par un profond sentiment que le destin leur empêche de vivre, les condamnant à errer dans deux royaumes antagonistes, le premier, en Afrique, immoral, cruel et anthropophage, le second, en Océanie, vertueux, apaisé et philosophique, incarnant deux visions du monde radicalement opposées. Interminable roman-fleuve d'aventure, ponctué de voyages lointains, d'enlèvements d'enfants, de pirates et de tropismes, qui ne sont pas sans rappeler celles de sa presque contemporaine Manon Lescaut, le roman offre le catalogue de toutes les perversités du monde sadien, tout en illustrant le grand débat philosophique, tenu à l'époque des Lumières, au sujet de l'éternelle question du bien et du mal.

LA NOUVELLE JUSTINE, SUIVIE DE L'HISTOIRE DE JULIETTE SA SŒUR, OU LES PROSPÉRITÉS DU VICE (1799)

Troisième version du roman de Justine, que Sade retravailla toute sa vie pour en perfectionner les détails scabreux et les dialogues subtils, ce roman, assorti d'une centaine d'illustrations licencieuses qui firent de ses dix volumes le premier ouvrage véritablement pornographique de l'histoire littéraire française, et sans doute mondiale, reprend l'histoire de l'héroïne emblématique du Divin Marquis, à laquelle il ajoute celle de sa sœur, Juliette. Jeune pensionnaire de couvent, initiée à treize ans à la pratique du sexe, cette dernière, contrairement à son aînée, dont elle constitue l'antithèse, fuit la vertu pour pratiquer le vice. Avec ses compagnons successifs, elle mène donc une existence heureuse dans la dépravation, le crime et la négation de Dieu, allant jusqu'à convertir le pape lui-même à la débauche et à l'impiété, tout au long d'un fameux dialogue qui s'achève en débauche générale, ponctuée de messes noires.

LA MARQUISE DE GANGE (1813)

Dernière publication de Sade, reclus à Charenton depuis presqu'une décennie, l'histoire de Diane de Joannis de Chateaublanc, marquise de Castellane puis de Gange, est inspirée d'un fait divers réel : celui d'une aristocrate provençale, assassinée par son mari et ses beaux-frères, qui convoitaient sa fortune, affaire dont le retentissement fut important au XVIIe siècle. Conçu davantage comme une enquête historique, que comme un prétexte à montrer des scènes érotiques illustrant un raisonnement philosophique, ce texte est totalement différent des autres productions de Sade, en un mot plus XIXe que XVIIIe, conforme, au reste, à l'esprit de l'époque où il a été écrit.

Publiés à titre posthume

DIALOGUE ENTRE UN PRÊTRE ET UN MORIBOND (1926)

Écrit au château de Vincennes, lors de sa première longue réclusion à la fin de l'Ancien Régime, ce texte, dans lequel un agonisant s'oppose au prêtre voulant lui administrer les derniers sacrements, constitue une démonstration apologique d'un athéisme dont Sade, de sa jeunesse à sa vieillesse, ne se départit jamais, ce qui, peut-être, choqua autant – sinon plus ! – ses contemporains que ses fantasmes érotiques.

LES CENT VINGT JOURNÉES DE SODOME (1931)

Livre-phare de l'œuvre de Sade – et, comme Justine, sans équivalent dans la littérature – ce texte revêt une importance considérable, non seulement parce qu'il fut écrit à la Bastille, lors de la dernière réclusion de son auteur sous l'Ancien Régime, mais encore parce que, jusqu'à son dernier jour, il le crut détruit lors du saccage de la forteresse, après sa prise, par le peuple de Paris, le 14 juillet 1789. Et ce, sans commenter les aventures de son manuscrit, tour à tour perdu, retrouvé, vendu ou volé ! La geste de ces quatre aristocrates quinquagénaires qui, enfermés dans un inaccessible et lointain château, abusent sans état d'âme d'un groupe d'enfants des deux sexes, dont ils font leurs jouets sexuels avant de les mettre à mort après de terrifiants supplices, tout au long de quatre cycles rappelant ceux de l'Enfer de Dante, a, en effet constitué une étape dans l'écriture romanesque qui, depuis, n'a cessé de faire couler des litres d'encre. Fruit des réflexions philosophiques les plus abouties de Sade, mais aussi témoin psychanalytique de sa révolte contre un système politique et judiciaire l'ayant condamné à passer les meilleures années de sa vie en prison, ce roman à l'implacable démonstration, et dans lequel l'auteur a manifestement mis le plus de lui-même, a tour à tour effrayé ses contemporains et fasciné la postérité, les Surréalistes en particulier qui, au XXe siècle, en firent le fer de lance de leur combat, avant qu'un cinéaste hautement contestataire, Pasolini, le porte à l'écran dans les années 1975, en établissant un parallèle saisissant entre l'œuvre de Sade et la République de Salo, où les nazis avaient installé Mussolini déchu.

DU MÊME AUTEUR
AUX ÉDITIONS TÉLÉMAQUE

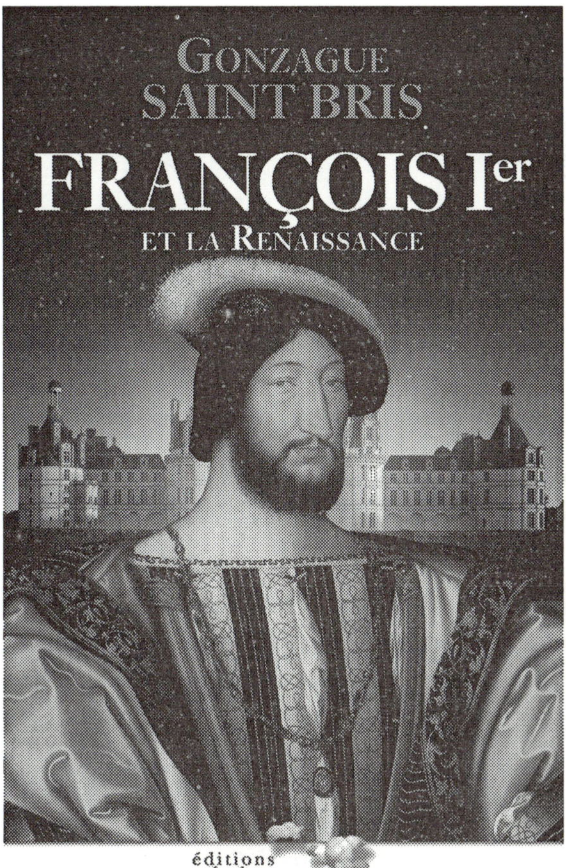

éditions
TÉLÉMAQUE

éditions
TÉLÉMAQUE

Gonzague
Saint Bris
LOUIS XIV
ET LE GRAND SIÈCLE
éditions
TÉLÉMAQUE

Gonzague
Saint Bris
BALZAC
UNE VIE DE ROMAN
éditions
TÉLÉMAQUE

Cet ouvrage a été composé par
IGS-CP à L'Isle-d'Espagnac
et achevé d'imprimer sur Roto-Page
par l'Imprimerie Floch à Mayenne
Dépôt légal : novembre 2013
N° d'édition : 721.964.3
N° d'impression : 85752
Imprimé en France